乡村振兴大数据管理
与服务关键技术

张　峰　吴秋兰　著

中国农业出版社

北　京

前　言

在数字经济高速发展的时代，大数据技术已经成为推动社会经济发展的重要动力，被广泛应用于政府公共管理、农业、工业等领域。同时，随着乡村振兴战略的全面实施，如何有效利用大数据技术促进乡村经济的可持续健康发展，已经成为当前我国农业和农村发展的关键议题之一。面对复杂多变的农业环境和独特的地域文化特性，乡村振兴需要数据资源的深度挖掘和科学管理。《乡村振兴大数据管理与服务关键技术》基于上述背景撰写，旨在为读者提供系统的理论框架和实践方案，使读者能够更深入理解大数据技术在乡村振兴中的关键作用和应用潜力，激发更多的创新思维和实践尝试，从而为我国乡村全面振兴贡献力量。

本专著紧扣乡村振兴的核心需求，分七章深入分析了大数据在促进乡村振兴方面的应用与实践。首先，从"乡村振兴和大数据的基本概念"入手，梳理了大数据技术与乡村振兴之间的基本关联和作用机制。其次，详细讨论了"乡村振兴大数据资源体系构建"和"乡村振兴大数据目录体系设计"，这两部分是构建有效大数据应用的基础。然后，对"乡村振兴大数据标准规范体系"进行了深入探讨，旨在建立一套统一的标准和规范，确保数据的有效整合与利用。在此基础上，"乡村振兴大数据平台设计"和"乡村振兴核心数据库设计"详细介绍了如何搭建支撑乡村振兴的数据平台和数据库。最后，通过对"大数据助力产业振兴案例——食用菌（黑皮鸡枞菌）工厂化生产数字孪生系统"的实际案例分析，展示了大数据和数字孪生技术如何具体应用于农业产业，如何帮助农业企业实现智能化转型与升级，推动乡村产业的可持续发展。

本专著依托山东省重点研发计划（重大科技创新工程）项目——"食用菌智慧工厂化生产关键技术研发与产业化"，以该项目研究任务"食用菌智慧工厂化生产大数据管理与决策服务平台研究"和作者近几年的研究成果为主要内容进行撰写，专著的出版得到了该项目的资助。本专著的撰写和出版还得到了山东农业大学和山东农业大学信息学院领导、课题组老师和研究生等的帮助，在此一并致谢！

由于大数据技术在乡村振兴中的应用处于探索阶段，加之作者学识上的局限性，书中难免存在不足之处，敬请各位专家学者批评、指正，同时也恳请广大读者提出宝贵意见。若本专著能起到抛砖引玉之效用，作者万分荣幸！

著　者

2024 年 5 月于山东农业大学

目 录

第1章

绪　论

1.1　乡村及乡村振兴战略

1.1.1　乡村的概念

在农业时代和工业时代，乡村是指区别于城市的地方，也是人口密度较低、以农业生产实现自给自足、行业专门化水平较低的地区。当社会发展到工业时代后期与信息时代，随着城市土地价格抬高、人口密度过大、居住质量下降，现代工业和信息产业也入驻乡村。乡村与农村相比，是具有感情色彩的表达，表现出一种令人向往的生活。乡村可以定义为城市以外，具有较大比例的自然生态特征和较低人口密度，具有自然、社会、经济特征的地域综合体，兼具生产、生活、生态、文化等多重功能，与城镇互促互进、共生共存，共同构成了人类活动的主要空间。

不同于乡村，农村具有特定的自然景观和社会经济条件，可以定义为以从事农业生产为主的劳动者聚居地。农村是相对于城市的称谓，指农业区，有集镇、村落等形式，以农业产业（自然经济和第一产业）为主，包括各种农场（包括畜牧和水产养殖场）、林场、园艺和作物与蔬菜生产等。跟人口集中的城镇比较，农村地区人口呈散落居住。在进入工业化社会之前，社会中大部分的人口居住在农村。

1.1.2　乡村振兴战略

1.1.2.1　乡村振兴战略的提出

2017 年，党的十九大报告提出了乡村振兴战略。报告指出，农业农村农民问题是关系国计民生的根本性问题，必须始终把解决好"三农"问题作为全党工作重中之重，实施乡村振兴战略。乡村振兴的总要求是"产业兴旺、生态宜居、乡风文明、治理有效、生活富裕"。2018 年"两会"时，习近平总书记对实施乡村振兴战略作出进一步指示，指出要坚持乡村全面振兴，抓重点、补短板、强弱项，实现乡村产业振兴、人才振兴、文化振兴、生态振兴、组织振兴，推动农业全面升级、农村全面进步、农民全面发展。

1.1.2.2　实施乡村振兴战略的意义

实施乡村振兴战略是建设现代化经济体系的重要基础。农业是国民经济的基础，农村经济是现代化经济体系的重要组成部分。乡村振兴，产业兴旺是重点。深化农业供给侧结构性改革，构建现代农业产业体系、生产体系、经营体系，实现农村一、二、三产业深度融合发展，推动农业从增产导向转向提质导向，增强我国农业创新力和竞争力，为建设现代化经济体系奠定坚实基础。

实施乡村振兴战略是建设美丽中国的关键举措。农业是生态产品的重要供给者，乡村是生态涵养的主体区，生态是乡村最大的发展优势。乡村振兴，生态宜居是关键。统筹山水林田湖草系统治理，加快推行乡村绿色发展方式，加强农村人居环境整治，构建人与自然和谐共生的乡村发展新格局，实现百姓富、生态美的统一。

实施乡村振兴战略是传承中华优秀传统文化的有效途径。中华文明根植于农耕文化，乡村是中华文明的基本载体。乡村振兴，乡风文明是保障。深入挖掘农耕文化蕴含的优秀思想观念、人文精神、道德规范，结合时代要求在保护传承的基础上创造性转化、创新性发展，推动乡村在新时代焕发出乡风文明的新气象，进一步丰富和传承中华优秀传统文化。

实施乡村振兴战略是健全现代社会治理格局的固本之策。社会治理的基础在基层，薄弱环节在乡村。乡村振兴，治理有效是基础。加强农村基层治理，健全乡村治理体系，确保广大农民安居乐业、农村社会安定有序，打造共建共治共享的现代社会治理格局，推进国家治理体系和治理能力现代化。

实施乡村振兴战略是实现全体人民共同富裕的必然选择。农业强不强、农村美不美、农民富不富，关乎亿万农民的获得感、幸福感、安全感，关乎全面建成小康社会全局。乡村振兴，生活富裕是根本。不断拓宽农民增收渠道，全面改善农村生产生活条件，促进社会公平正义，增进农民福祉，让亿万农民走上共同富裕的道路，汇聚起建设社会主义现代化强国的磅礴力量。

1.2 大数据与大数据技术

1.2.1 大数据

大数据是信息技术特别是互联网技术高速发展背景下产生的爆发式的信息集合体，是具有海量化、多样化、快速化等特点的信息数据资源。尽管大数据本身的概念相对较新，但大型数据集的起源可以追溯到 20 世纪 60—70 年代，当时数据相关的概念和技术随着第一个数据中心和关系数据库的诞生发展起来。"大数据"这个词最早是由 Michael Cox 和 David Ellsworth 在 1997 年提出的，他们认为不能在内存中处理的数据集为大数据问题。到了 2005 年左右，人们开始意识到用户通过 Facebook、You-Tube 和其他在线服务产生了海量数据。为应对这些海量数据，Hadoop 等一些专门为存储和分析大数据集而创建的开源框架陆续开发出来，NoSQL 数据库在此期间也开始流行起来。这些开源框架的开发使大数据使用更容易、存储成本更低，对大数据的发展至关重要。此后的几年里，大数据量猛增。2008 年 *Nature* 组织了一个数据专题，讨论如何应对产生的大量数据；2011 年 2 月，*Science* 联合其姊妹刊也推出了一期关于数据处理的专刊 *Dealing with data*，从互联网技术、互联网经济学、超级计算、环境科学、生物医药等多个方面介绍了海量数据所带来的技术挑战。

之后各国政府陆续在大数据方面提出了一系列的研究和战略规划。我国上海、重庆、天津、广东、贵州等省市在 2012 年后开始发布大数据相关的行动计划，布局大数据相关的项目，国家发展和改革委员会、国家自然科学基金委员会、科学技术部也在 2013 年把大数据列入了项目指南。

发展至今，大数据和大数据技术已如日中天，各类新技术新方法层出不穷，为世界各领域的发展提供了重要支撑。大数据之所以发展迅猛，是因为数据已成为重要的生产要素，大数据产业作为以数据生成、采集、存储、加工、分析、服务为主的战略性新兴产业，是激活数据要素潜能的关键支撑，是加快经济社会发展质量变革、效率变革、动力变革的重要引擎。

对于大数据的定义，麦肯锡全球研究院给出的是：一种规模大到在获取、存储、管理、分析方面大大超出了传统数据库软件工具能力范围的数据集合，具有海量的数据规模、快速的数据流转、多样的数据类型和价值密度低四大特征。此外，维基百科对大数据的定义也较广泛地得到认可：大数据是指无法在一定时间内用常规软件工具对其内容进行抓取、管理和处理的数据集合，即用传统算法和数据库系统可以处理的海量数据不算"大数据"。

本书从实践的角度给出大数据的定义：大数据是指为某一领域提供数据服务的大数据资源、大数据技术和大数据应用的统一体，包括该领域所涉及的各种数据量巨大、来源多样、类型多样的数据集，也包括这些数据的整个生命周期所涉及的数据采集、存储、处理、挖掘、可视化等各类技术，还包括大数据资源和技术所支持的该领域的各类业务应用。在某领域的大数据所涉及的业务活动中，应用是目标，技术是核心，数据集是基础。

1.2.2　大数据技术

大数据技术是对海量信息快速有效地进行提取、挖掘、储存、分析、处理的过程，其核心内容在于挖掘有价值的信息，反映并利用事物发展规律。大数据技术具有较强的洞察力、指导力和决策力，有利于促进产业结构优化和产业转型升级，有利于"互联网＋"等新型业态的深度发展，也有利于提高政府决策的科学化、社会治理的精准化、民生服务的优质化。总而言之，大数据技术是实现我国数字化、信息化、现代化发展的重要动力，对经济和社会的高质量、智能化发展有重大意义。

大数据本身是一种极为重要的资源，也是极为重要的一种生产要素，但是无法利用的资源是无法创造价值的。大数据资源必须经过采集、清洗、存储、处理、分析和可视化等操作后才能够产生价值，为社会生产和生活服务。

1.2.2.1 大数据采集和预处理

大数据采集和预处理是大数据整个生命周期中第一阶段需要做的重要工作。通过数据采集，可以获取传感器数据、互联网数据、日志文件、企业数据、政务数据等，用于后续的数据分析。采集得到的数据要进行预处理，包括数据清洗、数据转换和数据脱敏等。数据清洗可以发现并纠正数据文件中可识别的错误，这个步骤针对数据审查过程中发现的明显不符合审查规则的错误值、缺失值、异常值、可疑值，选择合适的方法进行处理，使"脏"数据变为"干净"数据，有利于通过后续的统计分析得出可靠的结论。数据转换是把原始数据转换成符合目标要求的数据。数据脱敏是在给定的规则、策略下对敏感数据进行变换、修改的技术，能够在很大程度上解决敏感数据在非可信环境中使用的问题。例如，在涉及客户安全数据（如手机信令数据）或者一些商业性敏感数据的情况时，在能够满足数据分析要求的条件下，需要对身份证号、手机号、银行卡号等信息进行数据脱敏。大数据采集与传统数据采集的区别在于：来源广泛，数据量巨大；数据类型丰富，包括结构化、半结构化和非结构化数据；预处理方式复杂；采集后数据的存储更多地采用分布式。

1.2.2.2 大数据存储和管理

大数据存储是大数据分析流程中重要的一环，通过数据采集和预处理得到的数据，必须进行有效的存储和管理才能用于高效地处理和分析。数据存储与管理是利用计算机软硬件技术对数据进行有效的存储和管理的过程，其目的在于充分、有效地发挥大数据的作用。在大数据时代，由于大数据独有的特点，其存储与管理面临着巨大的挑战。首先，需要存储的数据类型越来越多，包括结构化、半结构化和非结构化数据；其次，涉及的数据量也越来越大，已经超出很多传统数据存储与管理技术的处理范围；最后，很多数据对实时性的要求很高，如很多传感器产生的数据要求快速存储。传统的数据存储与管理技术包括文件系统、关系数据库、数据仓库、并行数据库等；而大数据时代则针对大数据的特点，涌现出了大量的大数据存储和管理技术，包括分布式文件系统、NoSQL 数据库和分布式数据库等，如 Hadoop、HDFS、HBase 等。

1.2.2.3　大数据处理和分析

大数据处理和分析是实现业务需求的关键步骤，可以利用统计学、机器学习和数据挖掘方法，并结合计算机软硬件技术对数据进行处理和分析，得到有价值、可应用的结果，使大数据能够服务于生产和生活。统计学、机器学习和数据挖掘方法并非大数据时代的新生事物，但是这些技术在大数据时代飞速发展，其实现方式从单机程序发展到了分布式程序，从而可以充分利用计算机集群的并行处理能力。MapReduce 和 Spark 等大数据处理框架，为高性能的大数据处理和分析提供了强有力的支撑。此外，大数据时代的数据仓库 Hive、流计算框架 Storm 和 Flink、大数据编程框架 Beam、查询分析系统 Drenel 等，都可以有效满足企业不同应用场景的大数据处理与分析需求。

1.2.2.4　大数据可视化

大数据的特性，决定了人们在面对海量数据时难免会显得无所适从。一方面，数据复杂、种类繁多，各种不同类型的数据大量涌现，庞大的数据量已经大大超出了人类的处理能力，人们已经无法阅读和理解数据；另一方面，人们无法从这些大数据中快速发现核心问题，因此必须有一种高效的方式来刻画和呈现数据所反映的本质问题。大数据可视化是大数据分析的最后环节，是向用户解释数据分析结果的关键技术。它将大型数据集中的数据以图形、图像形式表示，通过丰富的视觉效果，把数据以直观、生动、易理解的方式呈现给用户，从而有效提升数据分析的效率和效果。大数据可视化技术的基本思想是将数据集合中的每个数据项以单个图元素来表示，用大量的数据集构成数据图像，同时将数据的各个属性值以多维数据的形式表示，使人们可以从不同的维度观察数据，从而对数据进行更深入的分析。用户的决策过程很大程度上依赖数据可视化技术所呈现的结果。

1.3 乡村振兴大数据

1.3.1 乡村振兴大数据的基本内涵

1.3.1.1 农业农村大数据

农业农村大数据是指大数据理论、技术和方法在农业、农村或涉农领域的应用实践，主要包括农业大数据和农村大数据。

（1）农业大数据

农业是指人类依靠植物、动物和微生物的生活机能和自然力，通过劳动协调生物与环境之间的关系，强化和控制生物的生命过程，以取得符合社会需要的产品和为人类创造良好环境的物质生产的产业，包含种植业、林业、畜牧业、副业和渔业。因此，农业大数据应该涵盖农业生产及相关领域的大数据，是融合了农业地域性、季节性、多样性、周期性等自身特征后产生的来源广泛、类型多样、结构复杂、具有潜在价值并难以应用通常方法处理和分析的数据集合。农业大数据拥有一般大数据所具有的规模巨大、类型多样、价值密度低、处理速度快、精确度高和复杂度高等基本特征，从而使农业内部的信息流得到了延展和深化。

根据农业的产业链条划分，农业大数据主要集中在自然资源、农业生产、农业市场和农业管理等领域。

①自然资源数据，主要包括土地资源数据、土壤资源数据、气象资源数据、生物资源数据和灾害数据等。土地资源数据包括土地利用现状、土地利用规划、地籍权属、耕地、基本农田等数据；土壤资源数据包括土壤类型、土壤有机质含量、土壤含水量等数据；气象资源数据包括光照、温度、湿度、气压、降水、蒸发和云等气象要素数据；生物资源数据包括农业种质资源数据，作物、畜禽、鱼类的生长繁殖特性等数据资源；灾害数

据包括各类灾害的发生、发展、影响等相关的数据。

②农业生产数据，主要包括种植业生产数据和养殖业生产数据。其中，种植业生产数据包括育种信息、土地耕种信息、育苗信息、播种信息、农药信息、化肥信息、农膜信息、灌溉信息、农机信息和农情信息等；养殖业生产数据主要包括个体系谱信息、个体特征信息、饲料结构信息、圈舍环境信息、疫情情况等。

③农业市场数据，主要包括市场供求信息、价格行情、生产资料市场信息、价格及利润、流通市场和国际市场信息等。

④农业管理数据，主要包括农业相关的法律法规和政策、国民经济基本信息、国内生产信息、贸易信息、全球农产品动态信息和突发事件信息等。

（2）农村大数据

农村是以从事农业生产为主的劳动者聚居地。农民居住在这个聚居地，从事农业生产活动。农村大数据就是围绕这个居民聚居地和居住于其上的农民而产生的大数据，主要是农村治理相关的数据，包括综合治理和专项治理两大类。综合治理大数据主要包括农村政务村务、农村党建、农村信用、农村人口、农村资产、农户和新型农业经营主体、农村土地产权交易等方面的数据；专项治理大数据主要包括农村环境治理、防灾减灾治理、产业服务、精准扶贫、专业技术人员等方面的数据。

1.3.1.2　乡村大数据和乡村振兴大数据

乡村大数据是指大数据理论、技术和方法在乡村领域的应用实践。由于乡村不仅仅包含农业、农村、农民，乡村也不仅仅可以发展农业，也可以发展与农业相关的第二、三产业。因此乡村大数据所涵盖的内容除了包括农业农村大数据之外，还应当包括与农业农村相关的第二、三产业涉及的所有数据，这些数据包括但不限于社会经济、人口流动等方面的数据。

乡村振兴战略由政府推动实施，并由各级政府部门、相关企事业单位和个人共同参与。因此，乡村振兴大数据除了包括乡村大数据之外，还应包含政府各部门及相关的企业、个人在推动实施乡村振兴战略时所产生的、使用的各类相关数据。乡村振兴大数据就是指大数据理论、技术和方法在乡村振兴领域的应用实践。

还有一类极为重要的数据资源，即乡村振兴时空大数据。从数据特征来说，乡村振兴时空大数据是乡村振兴大数据的一个子集。时空大数据指基于统一时空基准活动或存在于时间和空间，与位置直接或间接相关联的大数据。时空大数据的价值在于时间、空间和对象之间的关联关系。时空大数据的特点在于：

①时空大数据包含对象、过程、事件在空间、时间、语义等方面的关联关系。时空大数据具有时变、空变、动态、多维演化特点，这些基于对象、过程、事件的时空变化是可度量的，其变化过程可作为事件来描述，通过对象、过程与事件的关联映射，可建立时空大数据的动态关联模型。

②时空大数据具有尺度特性，可建立时空大数据时空演化关联关系的尺度选择机制。针对不同尺度的时空大数据的时空演化特点，可实现对象、过程、事件关联关系的尺度转换与重建，进而实现时空大数据的多尺度关联分析。

③时空大数据时空变化具有多类型、多尺度、多维、动态关联特点。对关联约束可进行面向任务的分类分级，建立面向任务的关联约束选择、重构与更新机制，根据关联约束之间的相关性，可建立面向任务的关联约束启发式生成方法。

④时空大数据具有时间和空间维度上的特点。实时地抽取阶段行为特征，以及参考时空关联约束建立态势模型，可以实时地觉察、理解和预测导致某特定阶段行为发生的态势。可针对时空大数据事件理解与预测问题，研究空间大数据事件行为的本体建模和规则库构建，为异常事件的模式挖掘和主动预警提供知识保障；可针对相似的行为特征，时空约束和事件级别来挖掘事件模式并构建大尺度事件及其应对方案的规则库。

本节所涉及的农业大数据、农村大数据、乡村大数据及乡村振兴大数据所涵盖的范围如图1-1所示。

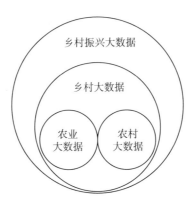

图 1-1 乡村振兴大数据概念

1.3.2 大数据助力乡村振兴

大数据与乡村振兴深度融合，对于加快推进农业农村现代化、推进乡村振兴具有重要的现实意义。大数据深度融入乡村振兴中，会使信息技术在乡村产业振兴、人才振兴、生态振兴、文化振兴和组织振兴等各个层面中发挥重要作用。乡村振兴是一项长期的系统化工程，在建设过程中必须避免各类风险、抵御各类自然灾害、预测预判市场动态、评价生态治理环境及推动农业生产等，这些均需要以大数据为依托。例如，农业发展具有很明显的地域性特点，决策者如果无法全面准确地了解各个地区的农业发展情况，在农业结构调整、农产品销售等方面就无法做出准确的判断和指导。大数据技术可以大量采集分布在各个信息平台的数据资源，对其进行整合和处理，帮助分析和总结农业经济、农村治理、基础设施建设等方面的发展情况和规律，从而为农业产业结构调整、农村治理和公共服务等方面提供更为科学的指导，提高乡村发展相关决策的科学化程度。

大数据作为乡村数字经济发展的基础和关键生产要素，是乡村数字经济推动效率提升和乡村经济结构优化的重要举措。大数据与其他乡村各产业进行融合，可以催生出新的业态和新的模式，是乡村数字经济驱动乡村产业转型升级的重要体现。在实施乡村振兴战略的背景下，将大数据与乡村振兴进行深度融合，发挥大数据的"助推器"作用，推动农业生产智能化、农业管理精准化、农业决策智慧化，从而为推进乡村振兴战略的实施提供全方位的有力支撑。

1.3.2.1 大数据助力乡村产业振兴

产业兴旺是乡村振兴的重要基础，是解决农村一切问题的前提。乡村产业根植于县域，以农业农村资源为依托，以农民为主体，以农村一、二、三产业融合发展为路径，地域特色鲜明、创新创业活跃、业态类型丰富、利益联结紧密，是提升农业、繁荣农村、富裕农民的产业。

应用大数据技术，可以根据不同的乡村产业形态有效配置科技、人才、金融等资源要素，建立乡村产业体系，对促进乡村产业振兴有重大作用。通过挖掘各类涉农数据之间的关联和规律，分析预测乡村产业发展趋势，为发现和挖掘乡村发展的内生动力提供技术支持。乡村振兴大数据资源还可以以生产要素的形式参与到乡村产业发展中，为农业产业调整、提高农业产业生产率和农村土地利用率提供支撑。

大数据技术可以加快农业信息化、现代化的发展，促进传统农业向现代智慧型农业的转变，推动农业由传统生产方式向自动化、智能化、智慧化的方向发展。大数据技术在种植业、养殖业、加工业、物流运输，以及农产品的市场需求等方面的科学应用，可以更加有效地优化农产品生产、流通和销售各个环节，有效解决信息不对称问题，实现产销对接，帮助农民增收。未来，大数据技术将在精准农业生产、建立农产品全产业链安全追溯体系、防御自然灾害、防控动植物疫病、提高品牌知名度等方面发挥重要作用。

1.3.2.2 大数据助力乡村人才振兴

人才振兴是乡村振兴的关键。乡村振兴需要各种各样的人才，但目前仍存在人才总量供给不足、人才结构不合理、人才资源配置效率不高等问题，其主要原因在于信息不对称。

信息不对称导致乡村振兴找不到理想的人才，也导致人才找不到施展才华的理想平台。一方面，无法精准识别乡村对人才的需求。乡村振兴中的人才需求主要来自乡村振兴中的各类产业主体和村、社区、乡镇等管理服务主体。这些主体对于自身的人才需求是明确的，但是对外引进人才或者培养人才的各类人才计划、人才管理或服务规章制度，往往是县级及以上的各类相关政府部门具体制定和实施。这些政府部门在制定各种人才相关的计划或管理服务措施时，很难精准识别自己管辖区域内的人才需求。这就导致实际的人才需求与政府部门的人才措施脱节，出现人才供给不足、人才结构不合理以及人才配置效率不高等问题。另一方面，人才找不到适合自己施展才华的理想平台，包括业务技术环境和生活环境。人才从自己的生活需求和自己的业务技术能力出发，去寻找理想平台。但是由于存在相互之间的信息不对称问题，人才和平台之间不容易匹配。这样会导致人才和平台之间脱节、人才供给不足、人才结构不合理及人才配置效率不高等问题。大数据技术可以为信息不对称的双方搭建高效率的桥梁，为政府部门精准识别人才需求，精准制定人才计划和人才管理服务制度，为人才和平台之间的精准识别提供决策支持，提高乡村振兴人才资源的配置效率。

1.3.2.3 大数据助力乡村文化振兴

文化振兴是乡村振兴的灵魂。乡村文化内涵包罗万象，从形式上可分为物质文化（文化产业）、精神文化（乡风文明）和制度文化（乡愁回归）；从类型来看，乡村文化涉及非物质文化遗产和物质文化遗产、人文景观、农耕文化及各民族村的民族特色文化等；从数据来源上看，包括了全国内已建成的公共数字文化资源基础库，数字文化支撑平台和国家数字文化网，以及农村文化流动站等。概括来说，乡村文化既包括抽象的精神文明和语言行为方式，又涉及具体的文化产品和设施。通过对乡村文化大数据的分析，可以合理配置农村文化基础设施，精细化满足农民文化需要，精准化供给农村文化产品；可以深入挖掘农村文化特色，开发多样化的文化形式，激发农民多层次的文化需求，为乡村文化振兴开辟新路径；还可以判断乡村文化未来发展趋势，在因地制宜的同时顺应时代，避免乡村文化盲目发展。同时运用大数据技术可以实现邻里乡镇之间的文化数据横向共享，历史文化数据纵向整合，解决乡村文化数据的碎片化问题，保障数据开放性，实现数据协同。

此外，大数据的存储技术可以解决文化数据的完整性问题。如大量历史文化资料由于保存不当或多手转换等原因，导致重要的历史资料丢失或失真，影响文化数据的完整性。大数据存储技术为巨量数据存储提供了可能，可以避免历史资料折旧和丢失，便于保持文化数据的完整。

1.3.2.4 大数据助力乡村生态振兴

生态振兴是乡村振兴的内在要求，必须建设适应现代生活、体现乡土风貌、山清水秀、天蓝地绿的美丽乡村。大数据在解决乡村废弃资源循环利用、乡村生态环境监管、乡村生态环境保护、生态环境风险预警预报等方面都将发挥巨大作用，最终实现乡村生态环境的科学化和精细化监管。生态环境大数据信息的专业化和智能化应用，为乡村可持续发展和生态文明建设提供有效的技术保障。

大数据可以推动乡村废弃资源循环利用。大数据可以建立乡村废弃资源循环利用的供需体系，精准识别废弃资源提供方和需求方，并且对于拥有完整生命周期的废弃资源可以进行全程追溯，继而进行合理的价格评估。对农业园区经营者来说，大数据可以为农业园区各个生产环节的废弃资源的质和量提供全方位的监控，可以更加科学合理地分析各个循环环节的生产力的投入和产出，进而优化各个环节生产力的大小，为园区效益最大化创造可能。

大数据可以推动乡村生态环境监控和评估。通过大数据技术建立生态环境监控系统，实现对生态环境"空天地一体"的实时监控。融合动态监控数据和历史监控数据，可监测污染物排放情况、了解河流的污染程度、分析污染源。大数据技术还可实时监测大气环境质量，监测生物多样性，明确地区生态脆弱情况，更好、更快、更精准地掌握生态环境变化情况和原因。利用大数据技术，可以更好地进行生态系统评估指标计算、综合评价、风险预警、报告生成、可视化辅助决策等，提升生态环境管理和决策的科学化水平。

大数据可以推动生态环境治理。通过对生态环境变化情况的监测，利用大数据追根溯源，分析其变化原因，为环境问题的解决提供科学严谨的数据支持，从而有针对性地从治理体制改革、队伍建设、源头治理、污染防治等方面提出解决办法，提高环境治理决策的科学性和效率性。

大数据可以保障生态环境的可持续性。通过大数据技术实时监测，可以全面掌握影响环境的相关因素的信息，为生态环境问题的预警、预防和解决保驾护航。此外，大数据在防洪减灾等方面也有重要作用，可以有效预测自然灾害，可以在做好农业自然灾害预防和应急处理、最大限度规避灾害、减轻损失等方面发挥极其重要的作用。

1.3.2.5 大数据助力乡村组织振兴

组织振兴是乡村振兴的保障条件，要将农村基层党组织锻造成坚强的战斗堡垒，选拔、培育一批优秀的农村基层党组织书记，建立更加有效、充满活力的乡村治理新机制。

目前我国乡村治理仍然存在基层党组织战斗力不足、群众参与度低等情况，不利于乡村治理的有效有序推进。大数据可以推动乡村治理从人治到智慧化治理的转变。大数据挖掘分析可以改变乡村治理方式，推动基层治理效能提升；可以推动智慧党建，缓解乡村党员分散、流动性大带来的一系列组织管理难题；可以分析和掌握党员干部的信息和思想动态，从而及时地进行指导，调整基层组织结构，提升凝聚力和战斗力；可以缓解乡村事务烦琐、管理效率不高、外出打工村民回乡办理手续困难等问题，实现政务服务事项全流程在线办理；可以推动政务信息公开，提高权力行使的透明度和群众参与的民主性；可以形成政府和群众之间有效信息传递和反馈机制；可以分析预测乡村经济发展状况和趋势，及时掌握企业需求和现状，精准服务企业，推进乡村产业壮大；可以提升乡村集体资产管理的工作效率和透明度；可以深入挖掘村域外来人口来源、驻留时长、人流趋势等，通过人像对比、智能预警提高对乡村风险因素的感知、分析预测和综合处理能力。

1.4 本章小结

本章首先对乡村振兴战略进行了阐述，对乡村振兴所涉及的部分概念做了辨析，如乡村、农村、乡村振兴战略，对乡村振兴战略的实施目的进行了叙述。其次，从实践的角度给出了大数据的概念，并对所涉及的大数据技术进行了概略叙述。再次，对乡村振兴中的大数据进行了论述，主要对在实践中涉及的部分概念进行了定义，使各类农业农村相关的大数据概念更加清晰，也使本研究所涉及的乡村振兴大数据的涉及范围更加明确。最后对乡村振兴中的大数据应用作了概括性论述。

第2章

乡村振兴大数据资源体系构建

乡村振兴是一项艰巨复杂的任务，其建设期间涉及的数据资源远超过现有的各类已建成的涉农政务数据资源，涉及的信息系统包括政府涉农部门、基层组织、农业企业等各自的信息系统。这些信息系统的"孤岛""烟囱"现象普遍存在，大数据资源共享极为困难，"数据通""业务通"困难，各部门之间、上下级业务部门之间、政府企业之间等都不了解对方的数据状况，无法满足乡村振兴大数据应用的实际需求。因此，迫切需要建立乡村振兴大数据资源体系总体架构和相关技术标准，为农业农村大数据的全面应用做好技术准备。

乡村振兴大数据资源体系架构，作为乡村振兴领域大数据资源的总体框架和"大数据蓝图"，可以作为信息系统开发的参考和大数据资源整合共享的分类参考，在大数据资源架构层面为乡村振兴实施过程中的资源共享和业务协同提供参考模型。

2.1 总体架构

乡村振兴大数据资源体系架构的设计，应遵循统一规划、统一设计、统一标准、统一管理等统一性原则，充分借鉴国内外相关领域数据资源体系建设的先进经验和成熟技术，引进先进的大数据治理、大数据资源中心、大数据服务及大数据技术架构等，实现对乡村振兴各领域业务的支撑和优化；应符合乡村振兴数字化建设的实际情况，保证架构设计能有效落实，且具有可扩展性，能适应乡村振兴数字化中长期建设的需要。

如图2-1所示，乡村振兴大数据资源体系架构包括大数据目录体系、大数据治理体系、大数据技术体系、大数据服务体系和大数据应用体系5个方面，这5个方面在整个大数据资源体系架构中的定位是：目录是秩序，治理是基础，技术是承载，服务是桥梁，应用是目的。

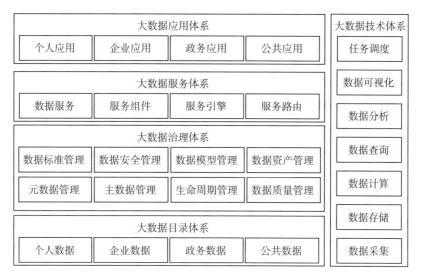

图2-1 乡村振兴大数据资源体系架构

2.2 目录体系

乡村振兴大数据目录体系是按照统一的标准和规范，为发布、发现和定位乡村振兴大数据资源和各类数据交换服务而建设的一个大数据资源体系组成部分。乡村振兴大数据目录体系根据乡村振兴过程中政府部门、涉农企业、个人等参与者的业务需求，按照统一的目录体系标准，对相关的大数据资源进行编目，形成大数据资源目录，为政府部门、涉农企业或社会公众提供准确的大数据资源的发现和定位服务。

乡村振兴大数据资源目录体系是按照信息资源分类体系或其他方式，对乡村振兴过程中所涉及的大数据资源核心数据进行有序排列。大数据目录体系的建设主要是为了满足乡村振兴过程中横向或者纵向跨数据拥有者进行大数据资源交换和共享的需求。它是乡村振兴大数据资源目录的信息与服务、保障和支撑组成的一个总体。目录信息都基于乡村振兴大数据资源核心元数据创建，能在提供人机接口查询界面的各种浏览器和客户端使用，同时也提供各类业务应用系统之间通信的乡村振兴大数据资源核心元数据查询服务接口。

构建乡村振兴大数据目录体系，就要根据乡村振兴中所涉及的各类大数据资源的语法、语义、应用等规则，对乡村振兴大数据资源进行分级、分节点，即分布式地组织和管理，要体现各类乡村振兴大数据资源的内在联系，便于乡村振兴大数据资源的检索、定位和共享。乡村振兴大数据目录体系的完整性依靠各类涉农政府部门、企业和个人的共同努力，其成功建设将为乡村振兴参与者使用和管理乡村振兴大数据资源带来极大的便利。

从技术角度来说，乡村振兴大数据目录体系以元数据为核心，以乡村振兴中的各类业务分类和主题词为控制词表，对乡村振兴大数据资源进行树状和网状组织，从分类、主题、应用等多个角度对乡村振兴大数据资源进行管理、识别、定位、发现、评估与选择。从功能角度来说，乡村振兴大数据目录体系以数据资源分类为基础，采用统一的标准对乡村振兴大数据资源进行描述，以目录技术、元数据技术和网络环境为支撑，为乡村建设者和大数据应用者提供数据资源发现功能、定位功能，进而更加便捷地管理大数据资源和促进大数据资源的共享和服务。

2.3 治理体系

乡村振兴大数据治理体系是乡村振兴大数据数据管理和共享必不可少的一个环节。好的大数据治理体系可以最大化地保障各类乡村振兴数据整个生命周期的可控和可追溯。

"治理"（governance）由拉丁文和希腊语中"掌舵"一词演变而来，原单指政府控制、引导和操纵的行动或方式，随着时代的发展，目前较多的研究者认为"治理"是一个采取联合行动的过程，更多地强调协调，而不是控制。这一概念中所强调的"协调"理念很快被许多企业管理者所借鉴，用于解决公司股东与职业经理人之间的矛盾，最终演化成围绕着代理权和经营权分离的"公司治理"。近年来，数据科学与技术的飞速发展，使管理者认识到数据已经成为产生价值的重要资产，数据资源的配置及其与其他资产的协同配置可以为企业产生显著的价值，由此延伸出数据治理的概念，并成为公司治理的一部分。在数据治理的应用背景下，治理的概念被进一步明确：是指评估利益相关者的需求、条件和选择以达成平衡一致的企业目标，通过优先排序和决策机制来设定方向，然后根据方向和目标来监督绩效和合规，包含评估、指导和监督等关键活动。与治理概念易混淆的管理则是指按照治理机构设定的方向开展计划、建设和监控活动，以实现目标。

随着数据科学与技术的进一步发展，尤其是数据感知和采集、数据存储与处理、数据分析和数据可视化等的迅猛发展，使处理大量、非结构化、实时、低价值密度的大数据成为可能，发挥大数据的价值成为一种新的机遇并备受关注，由此产生了大数据治理。数据治理领域专家 Sunil Soares 认为大数据治理是广义信息治理计划的一部分，即通过协调多个职能部门的目标来制定与大数据优化、隐私和货币化相关的策略。我国数据研究领域学者张绍华等在探讨了数据、信息、知识、管理和治理等概念的基础上，认为大数据治理是"对组织的大数据管理和利用进行评估、指导和监督的体系框架，通过制定战略方针、建立组织架构、明确责任分工等，实现大数据的风险可控、安全合规、绩效提升和价值创造，并提供不断创新的大数据服务"。

本研究认为，大数据的定义有许多种，不同研究者从各自的角度提出了自己的大数据定义。由此，对应不同的大数据定义，可以形成许多不同角度的大数据治理概念。对于乡村振兴大数据来说，大数据治理应该是一个体系，包含了数据质量管理、元数据管理、主数据管理、数据安全管理及数据标准、数据模型管理、数据生命周期管理等内容，能够对乡村振兴大数据管理和使用进行指导、评估和监督。

2.3.1 数据质量管理

大数据质量对乡村振兴大数据治理而言至关重要。虽然大数据有所谓的"5V"或"4V"特征，但是仍不能忽视大数据质量，在进行大数据应用之前必须评估大数据质量，以保证大数据分析和挖掘结果的准确性。乡村振兴大数据质量管理是一个集方法论、技术、业务和管理于一体的整体解决方案，通过有效的数据质量监督和控制手段进行数据的管理，并消除数据质量问题，有效提升乡村振兴大数据服务于决策的能力。可以从以下几方面来评估乡村振兴大数据质量：

①数据的真实性。数据必须真实准确地反映乡村振兴过程中的客观实体或真实业务过程和结果，真实可靠的原始统计数据是一切管理工作的基础，是政府、企业和个人等决策者进行正确决策必不可少的依据。

②数据的准确性。准确性即可靠性，必须在大数据资源中分析和识别哪些是不准确的或无效的数据，否则可能会导致产生严重的问题，如得出有缺陷的方法或不好的决策。

③数据的唯一性。这是大数据治理需要解决的最基本的数据问题，必须识别和度量重复数据、冗余数据，这些数据是导致业务无法协同、流程无法追溯的重要因素。

④数据的完整性。数据不完整是数据质量问题中最基础和常见的一类问题，不完整的数据所具有的价值大大降低，往往会导致不好的决策。数据完整性问题包括模型设计、数据条目和数据属性的不完整等，例如，唯一性约束不完整、参照不完整，数据记录丢失或不可用，数据属性空值等。

⑤数据的一致性。相同的数据有多个源头或者多个存储位置时往往会导致数据不一致、数据内容冲突的问题，主要包括多源数据的数据模型不一致和数据实体不一致等。前者如命名不一致、数据结构不一致、约束规则不一致等，后者如数据编码不一致、命名及含义不一致、分类层次不一致等。

⑥数据的关联性。数据的关联性是指存在关联的数据之间的关系，包括函数关系、主外键关系、索引关系、相关系数等。如果这些数据关系缺失或错误导致数据关联性问题，往往会直接影响数据分析的结果，进而影响管理决策。

⑦数据的及时性。数据的及时性是指在决策或业务过程需要时能及时

获取到数据量。数据的及时性与大数据产生、处理和分析等的速度有直接的关系，是影响业务处理和管理效率的关键指标。

2.3.2　元数据管理

元数据就是描述数据的数据，如数据的组织、数据域及其关系等。元数据管理是为支持基于元数据的相关应用而进行的元数据创建、存储、整合与控制等一系列管理活动的集合。在大数据环境下，数据的体量、速度和多样性与传统数据不同，元数据管理的失败将会导致一系列的数据质量问题。元数据主要有技术元数据、业务元数据、管理元数据三类，对元数据的管理主要有元数据采集、元数据存储、元数据查询、元数据维护、元数据分析等方面。

关于元数据管理的效果，国际数据管理协会（Data Management Association，又名 DAMA International，以下简称 DAMA）组织众多数据管理领域的资深专家编著的《DAMA 数据管理知识体系指南》（第 2 版）即 DMBOK2（*Data Management Body of Knowledge*. 2nd Edition）提出了多项准则，用以评价元数据管理的效果，本研究参考了这些准则：

①组织承诺。元数据管理应作为数据资产管理总体战略的一部分，要确保组织对元数据管理的承诺。

②策略。制定元数据策略，说明元数据如何创建、维护、集成和访问等。

③组织视角。从组织视角确保元数据在未来的可扩展性，但必须通过迭代和增量交付来实现元数据的扩展和更新。

④社会化。向社会各界传达元数据的必要性和每种类型元数据的目的，元数据价值的社会化将鼓励元数据的商业使用，同时也鼓励商业专业知识的贡献。

⑤访问。确保使用人员知道访问和使用元数据的方法。

⑥质量。要认识到元数据通常产生于现有业务数据，要让数据产生和所有者对元数据的质量负责。

⑦审核。制定、实施和审核元数据标准，以简化元数据的集成和

使用。

⑧改进。创建一个元数据使用问题的反馈机制，以便使用者可以将不正确或过期的元数据告知元数据管理者。

2.3.3 主数据管理

主数据是关于业务实体的数据，通常也是整个乡村振兴过程中所涉及的各个信息系统之间需要共享的数据。它是最有价值的数据，将各政府部门、企业之间的业务流转关联起来。在整个乡村振兴战略实施过程中，不同的部门、流程和系统都需要共享相同的数据。

早期业务流程中所创建的数据可为后期业务流程中所创建的数据提供关联环境，不同部门会基于各自的目的和目标来使用相同的数据。例如，农产品监管部门和农产品生产企业都关注产品的农药残留等数据，农产品监管部门要求产品符合相关标准即可，但农产品生产企业可能出于竞争的考虑会有更高的要求。乡村振兴大数据环境下主数据管理的主要目标是提高乡村振兴主数据的数据质量，以利于大数据分析。

乡村振兴主数据具有以下几个方面的特征：

①跨部门。乡村振兴主数据不再是局限于某个具体职能部门的数据库，而是为满足跨部门业务协同需要，各个职能部门在开展业务过程中都需要的数据，是所有职能部门及其业务过程的"最大公约数据"。

②跨流程。乡村振兴主数据不依赖某个具体的业务流程，但却是相关涉农业务流程都需要的。主数据的核心是反映对象的状态属性，它不随某个具体流程而发生改变，是作为所有相关流程的不变要素。

③跨专题。乡村振兴主数据是不依赖特定业务专题却又服务于所有业务专题的有关乡村振兴业务实体的核心信息。

④跨系统。乡村振兴主数据管理系统是乡村振兴中信息系统建设的基础，必须保持相对独立，它在架构上服务于乡村振兴业务系统，但是高于其他乡村振兴业务信息系统，因此对乡村振兴主数据的管理要集中化、系统化、规范化。

⑤跨技术。由于乡村振兴主数据要满足跨部门和企业的业务协同，因

此必须适应采用不同技术规范的不同业务信息系统，所以主数据必须应用一种能够被各类异构系统所兼容的技术选型，如微服务架构。

主数据建设在乡村振兴数字化信息化过程中处于较为核心的地位，提供了业务流转的基础业务支撑，是基础数据的汇集地，能够确保数据的一致性和唯一性。乡村振兴主数据管理保证了主数据一数一源、一源多用，其意义在于：

①消除数据冗余。在乡村振兴过程中，不同部门、企业按照自身需求获取数据，容易造成数据重复存储，形成数据冗余。而主数据打通各部门、企业之间的业务链条，统一了数据语言和数据标准，实现了数据共享，最大化地消除了数据冗余。

②提升数据处理效率。乡村振兴涉及的政府部门、企业较多，这些业务主体对于数据定义不一样，数据版本也容易不一致，需要花费大量人力成本、时间成本去整理和统一。通过主数据管理可以实现数据动态自动整理、统一，减少人工整理数据的时间和工作量。

③提高战略协同力。保证了主数据的一数一源、一源多用，就可以避免一个主数据在多个部门和业务线重复产生，有助于打通部门、系统壁垒，实现信息集成与共享。

主数据管理的重点工作包括主数据规划、制定主数据标准、建立主数据代码库、搭建主数据管理工具、构建运维体系等部分。

①主数据规划。主数据规划是主数据管理的纲领，指运用方法论并结合乡村振兴的实际情况，制定乡村振兴主数据整体实施路线图。

②制定主数据标准。制定主数据标准是主数据管理的基础，指确定数据范围，与各政府部门和企业等业务主体共同制定主数据标准，标准内容包括确定乡村振兴主数据分类规范、编码结构、数据模型、属性描述等。

③建立主数据代码库。建立主数据代码库是主数据管理的过程，按照乡村振兴主数据的标准进行数据检查、数据排重、数据编码、数据加载等，建立符合主数据标准的主数据代码库。

④搭建主数据管理工具。主数据管理工具为主数据管理提供技术支持，实现乡村振兴主数据查询、申请、修改、审核、发布、冻结、归档等

全生命周期管理。

⑤构建运维体系。构建运维体系是主数据管理的前提，建立乡村振兴主数据管理和标准管理的运维组织、管理流程、考核机制等，保证主数据标准规范在乡村振兴数字化建设中得到有效执行。

2.3.4 数据安全管理

乡村振兴大数据治理应围绕"让数据使用更安全"的核心目标，将数据的使用权限和应用场景作为关注重点之一。建设乡村振兴大数据安全管理体系，主要思路如下：

①数据安全管理除了关注某些极为重要的数据、部门和技术平台外，还应该覆盖数据所有使用环节和所有应用场景的安全。

②要能够满足乡村振兴数据安全的基本需求，包括数据保护、数据合规、敏感数据管理等。

③要重视乡村振兴大数据的分级分类、数据角色授权、数据安全过程场景化管理等，特别是对于保密数据要按照国家相关规定执行保密措施。

④为了有效实现数据安全目标和理念，乡村振兴数字化统筹机构必须打造数据安全闭环管理体系，推动数据安全治理体系持续改善。

建立乡村振兴大数据安全管理体系的工作重点为：

①理清楚乡村振兴中所涉及的数据相关的法律法规。要查阅并研读国内外数据安全相关法律法规，如《中华人民共和国网络安全法》《中华人民共和国个人信息保护法》《数据出境安全评估办法》及《信息安全技术—个人信息安全规范》（GB/T 35273—2020）、《大数据安全标准化白皮书》等，这些法律法规对数据安全都有明确合规要求。国外也有大量的数据安全相关的法律法规，如英国《数据保护法案》、欧盟《通用数据保护条例》等对数据安全也都有明确的要求。

②理清楚乡村振兴过程中所涉及的需要安全保护的数据。要理清楚乡村振兴过程中涉及的政府、企业、个人的数据现状，以及使用部门和角色授权、数据分布、使用量级、访问权限等数据使用情况；要从海量的数据资源中识别乡村振兴过程中的核心数据，划分类别、密级，制定不同的管

理和使用原则。

③识别数据安全可能会面临的风险。要对乡村振兴大数据资源进行生命周期评估，从组织、流程、人员、技术角度出发，使用数据安全成熟度模型评估数据生命周期各阶段的数据安全风险；要进行业务场景化的数据安全评估，从数据应用场景出发评估各类可能的数据风险，如信息系统开发测试、数据运维、数据分析、应用访问、特权访问等数据使用和应用的场景；要进行安全风险矩阵设计，归集不同的风险类型，进行差距分析，设定风险消除策略等。

④进行数据安全管理规划。在系统化地评估乡村振兴大数据的机密性、完整性和可用性，识别风险消除措施能够将风险降低到可接受的水平后，可以进行数据的安全管理规划。首先要建立数据安全组织，成立专业化的数据安全团队，保证能够长期持续执行数据安全管理工作。其次要制定数据安全决策机制，界定部门和角色在数据安全范围内的职责和权限，使数据安全任务责任到人、落实到岗。再次要制定数据安全制度规范，强化数据资源的分级分类和管控，划分敏感数据的使用部门和人员角色，限定角色的数据使用场景。最后要建立数据安全技术架构，保护数据计算单元、存储设备、操作系统、应用程序和网络边界各层免受恶意软件、黑客入侵和内部人员窃取等威胁。

⑤要持续改善数据安全。通过行为管理、内部审计稽核和闭环管理等措施，推进乡村振兴大数据资源安全管理体系的不断优化，推动数据安全的持续改善。首先要进行行为管理，加强数据资源在访问、运维、传输、存储、销毁各环节的数据安全保护措施；及时梳理和更新数据资产清单，增加或修改核心数据资产信息及安全访问角色；实时监控数据安全指标，加强敏感数据的用户访问行为管控；主动响应最新法律法规，新增、修改或删除相关的数据安全管控策略；业务模式或组织结构发生变化后能够及时调整敏感数据的访问权限和行为方式；健全高效的数据安全组织结构，及时调整和持续执行数据安全策略和规范。其次要强化内部审计稽核，过程化主要场景应引入量化内部审计手段和稽查工具，定期内部审计和稽核。最后要加强闭环管理，及时根据政策合规与制度规范提升需求，滚动

修订数据安全相关的制度、流程、标准等，从而保障数据安全的规划、实施、运行、监督的全程管控，持续提升乡村数据安全能力。

2.3.5　数据标准管理

乡村振兴大数据标准是保障数据在业务单元或不同部门间使用和交换的一致性和准确性的规范性约束。在乡村振兴过程中，数据是乡村建设发展过程中各项业务活动在信息系统中的真实反映。各类业务对象（指具体事物，如需进行审批的建设用地）在信息系统中以数据的形式存在，因此数据标准的相关管理均须以业务活动为基础，并以标准的形式规范业务对象及其活动在各信息系统中的统一定义和应用，以提升乡村振兴各业务主体（对业务对象进行操作的主体）在业务协同、数据共享开放、数据分析应用等各方面的能力。

数据标准管理是指数据标准的制定、实施和维护等一系列活动，其目标是通过统一的数据标准制定和发布，结合制度约束、系统控制等手段，实现大数据平台数据的完整性、有效性、一致性、规范性、开放性和共享性管理，为乡村振兴大数据资产管理活动提供规范依据。

数据标准管理的实施主要包括数据标准规划、数据标准制定、数据标准评审发布、规程标准执行、数据标准维护五个阶段。

2.3.5.1　数据标准规划

数据标准规划主要指乡村振兴数字化建设管理机构要构建数据标准分类框架，并按照以下六个阶段实施：

①数据标准调研。应当主要从乡村振兴数字化建设各业务主体的业务运行和管理层面、国家和行业相关数据标准规定层面、信息和业务系统数据现状三个方面开展数据标准调研工作，调研内容包括现有的数据业务含义、数据标准分类、数据元定义、数据项属性规则，以及相关国际标准、国家标准、地方标准和行业数据标准等。

②业务和数据分析。根据数据标准调研的结果和数据标准体系建设的原则，初步研究数据标准整体的分类框架和定义，以及数据标准对业务的支撑状况。

③研究和参照行业最佳实践。通过多种渠道广泛搜集和学习相关行业或领域数据标准体系建设的案例，并研究和借鉴同行业单位在本行业或领域数据标准体系规划上的实践经验。

④定义数据标准体系框架和分类。根据数据标准调研结果及相关行业或领域的最佳实践，在对乡村建设过程中现有业务和数据现状进行分析的基础上，定义乡村建设领域自身的数据标准体系框架和分类。

⑤制定数据标准实施路线图。根据已定义的数据标准体系框架和分类，结合乡村振兴建设自身在业务系统、信息系统建设上的优先级，制定数据标准分阶段、分步骤的实施路线图。

⑥批准和发布数据标准框架和规划。由乡村振兴大数据标准管理的决策层审核数据标准体系框架和规划实施路线图，并批准和发布。

2.3.5.2　数据标准制定

在完成标准分类规划的基础上，开始制定数据标准及相关规则。数据标准的制定主要指数据源及其属性的确定。随着乡村建设业务和标准需求的不断发展延伸，需要科学合理地开展数据标准制定工作，确保数据标准的可持续性发展。数据标准的制定应遵循以下六个原则：

①共享性。数据标准作为参与乡村建设中所有部门、企业和个人共同遵循的准则，并不为特定部门服务，它所包含的定义内容应具有跨部门的共享特性。

②唯一性。标准的命名、定义等内容应具有唯一性和排他性，不允许同一层次下标准内容出现二义性。

③稳定性。数据标准需要保证其权威性，不应频繁对其进行修订或删除，应在特定范围和时间区间内尽量保持其稳定性。

④可扩展性。数据标准并非一成不变的，业务环境的发展变化可能会触发标准定义的需求，因此数据标准应具有可扩展性。

⑤前瞻性。数据标准定义应积极借鉴相关国际标准、国家标准、行业标准和规范，并充分参考相关行业或领域的先进实践经验，使数据标准能够充分体现各类业务的发展方向。

⑥可行性。数据标准应依托乡村建设现状，充分考虑各类业务改造风

险和技术实施风险，并能够指导数据标准在乡村各建设项目的业务、技术、操作、流程、应用等各个层面的落地工作。

数据标准的制定主要包括分析数据标准现状、确定数据元及其属性两个关键环节：

①分析数据标准现状。应依据乡村振兴各类业务调研和信息系统调研结果，分析、诊断、归纳数据标准现状和存在的问题。其中，业务调研主要采用对业务管理办法、业务流程、业务规划的研究和梳理，以了解数据标准在业务方面的作用和存在的问题；信息系统调研主要采用对各系统数据库字典、数据规范的现状调查，厘清实际生产中数据的定义方式和对业务流程、业务协同的作用和影响。

②确定数据元及其属性。应依据乡村建设所涉及的行业或领域的相关规定或借鉴同行业实践，结合乡村建设自身在数据资产管理方面的规定，在各个数据标准类别下，明确相应的数据元及其属性。

2.3.5.3　数据标准评审发布

数据标准的评审发布工作可以保证数据标准可用性、易用性，因此在数据标准制定工作初步完成后，需要征询数据管理部门、数据标准部门及相关业务部门的意见。在完成意见分析和标准修订后，可以进行数据标准的评审发布。数据标准的评审发布主要流程有以下三个：

①数据标准意见征询。对拟定的数据标准初稿进行宣传介绍和培训，同时广泛收集相关部门的意见，降低数据标准不可用、难落地的风险。

②数据标准审议。征询意见后，对意见进行分析，对数据标准进行修订和完善，同时提交数据标准管理部门审议。

③数据标准发布。数据标准管理部门组织各相关业务单位对数据标准进行会签，并报送高层数据标准决策组织，对数据标准审批后发布。

2.3.5.4　数据标准执行

数据标准执行通常是指把已经发布的数据标准应用于乡村的信息系统建设，发挥数据标准化作用的过程。在数据标准执行的过程中应对业务人员进行数据标准培训和宣传工作，帮助业务人员更好的理解系统中数据的含义，同时相关信息系统应按数据标准进行建设和改造。数据标准落地执行一般包括以下四个阶段：

①评估确定落地范围。选择乡村振兴数字化建设中的某一要点作为数据标准落地的目标，如业务的维护流程、信息采集规范、某个跨部门信息系统的建设等。

②制定落地方案。深入分析数据标准要求与现状的实际差异，以及执行标准落地后的潜在影响和收益，并确定落地方案和计划。

③推动方案执行。推动数据标准落地方案的实施和标准管控流程的执行。

④跟踪评估成效。综合评价数据标准落地方案的实施成效，跟踪监督数据标准落地方案执行情况，收集标准修订需求，对需求进行分析，修改完善标准。

2.3.5.5　数据标准维护

数据标准并非一成不变，而是会随着乡村振兴业务的发展变化及数据标准执行效果而不断更新和完善。

在数据标准维护的初期，首先需要按照规范化的标准维护流程完成需求收集、需求评审、变更评审、发布等多项工作，并对所有的修订进行版本管理，以使数据标准"有迹可循"，便于数据标准体系和框架维护的一致性。其次，应制定数据标准运营维护路线图，遵循数据标准管理工作的组织结构与策略流程，各部门共同配合实现数据标准的运营维护。

在数据标准维护的中期，主要完成数据标准日常维护工作与数据标准定期维护工作。数据标准日常维护工作是指根据业务的变化，常态化开展数据标准维护工作，适时增加、变更或废止相应的数据标准。数据标准定期维护工作是指对已发布的数据标准定期进行规范化的审查，以确保数据标准的持续实用性。通常来说，数据标准定期维护的周期一般为一年或两年。

在数据标准维护的后期，应重新审核完善数据标准在各业务部门、各系统的落地方案，并制定相应的数据标准完善措施落地计划。在数据标准体系下，对于增加或更改数据标准分类，或者因业务扩展新增加的数据标准，都应遵循数据标准编制、审核、发布的相关规定。

2.3.6 数据模型管理

数据模型是数据特征的抽象，用于描述一组数据的概念和定义。数据模型管理是指在乡村振兴业务架构管理和信息系统设计时，参考乡村振兴中涉及的各类数据资源模型，使用标准化用语、词汇等数据要素设计数据模型，并在业务架构管理、信息系统建设和运行维护过程中，严格按照数据模型管理制度，审核和管理新建和存量的数据模型。

数据模型管理的关键步骤包括：

①数据模型计划。确认数据模型管理的相关利益方；采集、定义和分析组织级数据模型需求；确定遵循数据模型标准与要求，设计企业级数据模型（包括主题域数据模型、概念数据模型、逻辑数据模型）。

②数据模型执行。参考逻辑数据模型，开发物理数据模型，保留开发过程记录；根据数据模型评审准则与测试结果，由数据模型管理的相关利益方进行模型评审，评审无异议后发布并上线模型。

③数据模型检查。确定数据模型检查标准，定期开展数据模型检查，以确保数据模型与组织级业务架构、数据架构、IT架构的一致性；保留数据模型检查结果，建立数据模型检查基线。

④数据模型改进。根据数据模型检查结果，召集数据模型管理的相关利益方，明确数据模型优化方案；持续改进数据模型设计方法、模型架构、开发技术、管理流程、维护机制等。

采用乡村振兴业务架构指导建立企业级数据模型，并采用一体化建模的方法，可以提升数据模型的业务指导性和模型的质量。此外，还可以从技术和机制上支持企业级数据模型与IT开发的协同，使物理数据模型与逻辑数据模型保持一致，要求物理数据模型的实体属性来自数据标准池，并通过元数据对该开发过程进行记录与监控，提升数据模型的一致性、规范性、可控性。

2.3.7 数据生命周期管理

数据生命周期管理是在数据的整个生命周期内对数据进行管理的一整

套方法和活动的集合。数据可以根据不同的使用或处理流程，分为不同的阶段，随着数据完成不同的任务或满足特定要求而逐次经历这些阶段。数据生命周期由覆盖数据的有用生命周期的一系列阶段构成，每个阶段都由一组策略管理，目的是在生命周期的每个阶段最大程度发挥数据的价值。随着进入乡村振兴业务流程的数据量不断增长，数据生命周期管理也越来越重要。下面是数据生命周期管理的几个重要阶段：

①数据创建阶段。新的数据生命周期开始于数据采集，数据可以来自 Web 和移动应用、物联网（IoT）设备、表单、调研等。虽然数据可能是通过各种不同的方式生成的，但并非所有可用数据都是必不可少的。因此，必须始终根据数据质量及其与乡村建设的相关性，评估是否需要整合新数据。

②数据存储阶段。由于数据来源多样，每种数据所采用的结构也可能各不相同，这会对数据存储类型产生影响。结构化数据一般使用关系型数据库，而非结构化数据通常使用 NoSQL（非关系型）数据库，此外还有其他类型的数据需要特定的存储方式。除了确定合适的存储方式外，还应该考虑数据的备份问题，任何存储数据的副本都作为备份，以防出现数据删除或数据损坏等情况，防止对数据的意外更改及包括恶意软件攻击在内的蓄意破坏。

③数据共享与使用阶段。在该阶段，数据可以供业务用户使用。数据生命周期管理应当支持组织定义数据的使用者及数据的用途。数据可用后，就可以用于分析，包括基本的探索性数据分析、数据可视化及更高级的数据挖掘和机器学习分析。所有这些分析结果都在业务决策及与各利益相关方的沟通中发挥重要作用。此外，数据使用并不一定限于组织内部使用，还可以通过共享技术手段共享给其他部门或用户使用。

④数据归档阶段。经过一定时间后，对于日常运转不再需要的数据，应进行归档处理，应明确规定何时归档数据、归档到何处及归档多长时间。但是，必须保留不经常访问的数据的副本，以满足可能的应急查询要求，如果需要应该可以随时将归档的数据恢复到活动的生产环境中。

⑤数据删除阶段。在数据生命周期的最后阶段，数据从记录中被清除

并安全销毁，将有专门的数据维护人员根据需要删除不再需要的数据。在此阶段，当数据超过要求的保留期或不再对组织具有有意义的用途时，将被删除。

2.4 技术体系

乡村振兴大数据的生命周期管理和应用过程中所涉及的技术主要包括以下方面。

2.4.1 采集技术

乡村振兴大数据的来源多样，既包括传统的关系型数据库、NoSQL中的数据，也包括直接来自生产环境监测或者生产设备监测的传感器数据，还包括抓取的互联网数据、卫星数据等，大数据技术体系中的数据采集技术就是研究如何对这些多源异构的数据进行采集，并进行协同工作，有效支撑大数据分析应用。

2.4.2 存储技术

大数据存储技术就是研究如何把采集到的各种类型的数据进行持久化存储。目前已经形成了一个比较成熟的数据存储技术体系，分布式文件系统（DFS）作为底层存储，同时也是非结构化存储的主要手段，关系数据库和基于 Hadoop 分布式文件系统（HDFS）的 SQL on Hadoop 主要针对结构化数据进行管理，NoSQL 数据库主要支持键值对、图、时序等非结构化类型数据的管理。

2.4.3 数据处理和分析技术

数据处理和分析技术是将存储起来的数据，利用统计学、机器学习和数据挖掘方法，并结合数据特征对数据集进行分析，得到有价值的结果的过程。数据处理和分析有两类，一类是实时计算，数据像流水一样经过实时计算引擎，开发人员在这些引擎上编写各类处理逻辑，数据流过之后就得到了相关的处理和分析结果；另一类是批处理，借助数据仓库技术，根据数据处理和分析的需求对原始数据进行一系列的预处理，甚至形成特定的数据结构，并存储到一个特定区域，然后对这些数据按照分析处理逻辑进行处理分析。

2.4.4　可视化技术

可视化技术是研究如何将数据转化为图形图像提供交互，以帮助用户更有效地完成数据的分析、理解等任务的系列技术集合。大数据的特点使人们面对这些海量数据的时候无法从里面发现有效的信息，必须有一种高效的方式来刻画和呈现数据所反映的本质问题。要解决这个问题就需要可视化技术，这种技术通过丰富的视觉效果，把数据以直观、生动、易于理解的方式呈现给用户，可以有效提升数据分析的效率和效果。

2.4.5　大数据平台技术

大数据平台技术就是将前述各类大数据技术整合在一起，并且以处理海量数据的存储、计算和不间断流数据的实时计算等场景为主的一套基础设施，包括数据采集、数据存储、数据计算、数据应用和任务调度等。大数据平台能够容纳海量数据，利用计算机集群的超级计算和存储能力高效处理分析各类数据，能够快速建立针对各类业务的分析预测模型，并且能够轻松快速部署这些模型，进行高速运算，提供决策支持。

2.5　服务体系

数据服务体系是大数据建设成果赋能的利器，用来实现各类数据资源对外提供访问和管理能力，支撑跨网跨域的服务能力。数据服务体系是大数据平台对外的窗口，数据发挥价值的体现。从技术角度来说，数据服务体系主要包括数据服务、服务组件、服务引擎和服务路由等，可以实现的数据服务功能主要有：查询检索、模型分析、数据推送、数据鉴权等。

2.5.1 查询检索

查询检索类服务包括数据资源情况的查询检索接口及各类结构化和非结构化数据的查询检索接口，支持精确/模糊、分类、组合、批量等多种查询方式，支持返回数据统计汇总信息、判定查询关键词（实体）是否命中（存在）的信息，以及数据摘要或明细信息。

①数据查询。可以对数据资源状况查询；可以进行结构化数据的查询，支持精确匹配、模糊匹配，支持通过字段扩展配置，用查询值在多个同类字段进行查询，以保证查全率；支持二进制文件查询，可以根据MD5和文件体长度来查询与输入文件相同的数据；支持空间信息查询，可以根据属性信息查询空间信息，也可以根据空间信息查询属性信息。

②数据检索。支持全文检索，可以基于关键词匹配或文本相似度匹配进行检索；支持音频检索，可以使用语音或文字，查询匹配相应内容的音频或文本；支持图像检索，可输入图片或关键词检索，返回涉及类似场景的图片，以及对应的描述；支持视频检索，可以输入图片、关键词或视频片段，返回涉及相似场景的视频，以及命中的位置、场景描述等信息；支持遥感影像数据检索，可根据空间位置检索遥感影像。

③二次开发。支持对查询检索结果的二次查询检索，支持对数据查询检索接口进行二次封装。

2.5.2 模型分析

模型分析服务是指根据乡村建设业务的需要，对各类数据进行统计、分析、规律性探索、预测等，并返回结果，以支撑应用层业务场景复杂、多变的需求。

①分析类服务。使用各种分析方法分析数据，以获取数据的统计分布情况，发现数据的内在规律性、识别其主要因素，或进行模型的参数估计、可信度评估等。

②预测类服务。利用各类已有模型、算法对数据进行计算，预测未知的变量或属性取值。

2.5.3　数据推送

数据推送服务是乡村振兴过程中各单位之间进行数据交换和信息推送的基础核心能力，主要包括数据汇聚、数据下发。数据汇聚是指将数据资源根据需要从下级单位汇聚到上级单位。数据下发是指将数据资源根据需要从上级单位下发给下级单位。

①数据推送配置。包括推送规则、推送标准、数据种类、推送周期等配置。

②数据封装。根据配置进行数据封装。

③数据推送。将数据资源推送给目标平台或系统。

2.5.4　数据鉴权

数据鉴权服务是基于各使用人员或角色对乡村振兴大数据的访问控制规则，实现数据的访问权限鉴别的过程。访问控制规则从内容敏感度、数据来源、数据种类、字段及字段关系分类等多个维度进行资源权限的控制，鉴权通过用户或角色的数据资源权限，使用数据鉴权服务实现对数据资源的访问控制。

服务请求方向服务提供方发起各类服务请求时，服务提供方根据服务请求方所在单位、身份、角色，对其进行身份鉴别、权限验证，并对其服务请求和资源访问权限（权限细化到记录及字段）进行鉴别。鉴权能力覆盖本地的全部数据访问行为。鉴权服务不直接对用户提供服务，仅在鉴权服务外的其他服务中调用并进行权限验证。

2.6　应用体系

乡村振兴大数据资源应用体系和服务体系是密不可分的，各类涉农大数据资源的价值只有在使用中才能得到体现，使用和服务存在着一定的对应关系，乡村振兴大数据应用体系必须为数字资源的使用者提供符合业务需求的、便捷的、智能化的服务，同时要保证数字资源的使用是可控的、安全的，各类涉农大数据资源的所有者，同时也是服务的使用者，要有明确合理的使用需求。

乡村振兴大数据资源的应用体系包括：

①乡村振兴大数据资源目录，是从乡村建设参与者和最终用户的角度，而不是数据管理人员角度编制的大数据资源组织形式。数据资源目录的编制，应遵从国家相关标准、农业农村等各个涉农领域的业务标准和使用习惯。

②数据共享交换服务，面向乡村建设各业务、各应用系统以及其它相关部门或相关单位，内容是覆盖乡村振兴领域的主题数据库，服务方式包括基于 WebService 的数据服务接口调用、授权访问数据库视图、文件下载等。

③大数据平台服务，主要是提供乡村振兴大数据环境，进行数据准备或预处理，同时提供通用的数据分析和挖掘工具软件。

④专题可视化服务，主要是配合乡村建设各业务部门，基于乡村振兴大数据，对数据进行可视化展示服务，包括数据可视化专题、空间地理信息展示等。

⑤专题信息化应用，主要是配合乡村振兴建设各业务部门，建立各类信息化系统，实现业务流程的网上流转、数据分析的辅助决策等。

2.7 本章小结

乡村振兴是一项艰巨复杂的任务，为解决乡村振兴过程中信息系统的"孤岛"和"烟囱"现象，推动大数据资源共享，迫切需要建立乡村振兴大数据资源体系总体架构和相关技术标准，为农业农村大数据的全面实施做好技术准备。本章遵循统一规划、统一设计、统一标准、统一管理等方面的统一性原则，充分借鉴国内外相关领域数据资源体系建设的先进经验和成熟技术，引进先进的大数据治理、大数据资源中心、大数据服务及大数据技术架构等，构建了乡村振兴大数据资源体系，设计了大数据资源体系架构，论述了大数据资源体系的组成部分和各部分之间的关系，为乡村振兴大数据资源体系的建立提供了参考。

第3章

乡村振兴大数据目录体系设计

联合国粮食及农业组织（FAO）和美国农业部早就通过建立数据服务基础设施对外提供数据服务，并对所涉及的数据按照主题进行分类，建立了较为完整的数据目录资源体系。联合国粮食及农业组织将数据分为投资、农业投入、生产量、价格、贸易、食品收支、粮食安全、人口、宏观统计、农业环境指标、农业排放、土地利用、农业科技、应急响应等主题。美国农业部对相关主题类别的分类则更加详细，其主要分为自然资源与环境、食物恢复能力、粮食生产、农业食品、食品安全与营养、食品配送、人类健康与营养、市场价格与经济、总能量、农村发展、农场损坏、生态系统脆弱性、大气地球和海洋科学、消费与效率、地方和区域粮食系统、农业投资与工程等。

我国农业农村部已经于 2017 年底完成农业农村信息资源的自查、编目、清理、整合等项任务，摸清了农业农村部现有的信息系统底数和数据资源情况，初步形成了统一的政务信息资源目录体系框架。该框架编制政务信息资源目录 3 000 余条，完成了近 200 个农业农村部内部业务系统的数据汇聚、整理。这项工作为农业农村部信息资源的共享、开放开辟了新局面，为农业农村大数据应用打下了良好基础。乡村振兴大数据目录体系总体框架可以整体描述目录体系的组成和内容，包括目录体系的概念模型、管理结构、技术架构和基本功能等。

3.1 目录体系概念模型

乡村振兴大数据目录体系概念模型由大数据资源库、元数据库、大数据资源目录（含资源目录和服务目录）、标准集等要素构成（图3-1）。

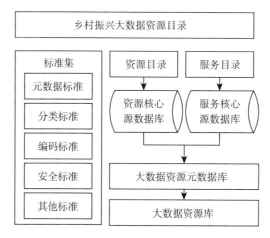

图3-1 乡村振兴大数据目录体系概念模型

乡村振兴大数据资源元数据是描述乡村振兴大数据资源内容、管理、表示等属性的数据。核心元数据是描述乡村振兴大数据资源元数据的基本子集。乡村振兴大数据资源元数据是在乡村振兴大数据资源核心元数据的基础上，按照乡村振兴大数据资源管理和应用的需要进行的扩展。

乡村振兴大数据目录可以分为大数据资源目录和服务目录。通过对乡村振兴中所涉及的政府部门、企业和个人的业务及大数据资源进行梳理，编制大数据资源目录，大数据资源目录通常用元数据来进行描述。由应用系统支撑的业务服务构成服务目录，通常采用SOA技术或微服务技术将应用系统或组件封装为服务，并注册到服务注册和管理中心而形成。服务目录的编目对象主要涉及乡村建设中所涉及的各类业务系统中的业务协同和实时数据交换。

乡村振兴大数据目录体系标准集包括元数据标准、分类标准、编码标准、安全标准等一系列标准。元数据标准定义了描述乡村振兴大数据资源所必需的特征要素，如大数据资源内容、覆盖范围、质量、管理方式、权属等内容，有利于乡村振兴大数据资源的描述、管理、发现和使用。分类标准规定了乡村振兴大数据资源分类的原则和方法，促进建立合理的大数据资源分类，从而更方便大数据资源的组织和管理，为大数据资源的查找提供更便捷的途径。编码标准对乡村振兴大数据资源数据的编码结构、长度、分配原则和管理进行了规定，赋予每项大数据资源唯一的标识码，保证其在业务协同和数据交换时的唯一性。

3.2 信息资源常用分类方法

科学、准确地分类对乡村振兴大数据资源获得最佳的经济和社会效益具有重大的意义。大数据资源分类应当坚持科学性、系统性、实用性、兼容性、可扩展性的原则，可以从不同角度，如数据来源、数据所表达的具体内容、数据的应用领域、数据传播的载体形式、数据的媒体形式、数据的重要性等，对数据进行分类。

乡村振兴大数据资源分类是指把具有某种共同属性或特征的数据归并在一起，通过其类别的属性或特征来对数据进行区别。通过乡村振兴大数据资源分类，可以实现乡村振兴大数据资源管理、共享服务和开发利用等。乡村振兴大数据资源分类是乡村振兴大数据资源共享交换的重要前提，是实现乡村振兴大数据资源充分高效应用的必要条件。

目前有许多对数据或信息资源进行分类的标准，如 2007 年 9 月 10 日发布的国家标准《政务信息资源目录体系》（GB/T 21062.2—2007）第 4 部分《政务信息资源分类》中提出了"在建立政务信息资源目录体系时，政务信息资源目录体系中的政务信息资源分类应采用主题分类，也可根据具体应用情况选择其他的分类方法与主题分类共同进行分类，如部门分类、服务分类、资源形态等。"另外，该标准还明确了政务信息资源主题分类的详细分类、编码方法，如政务信息资源主题分类包括 21 个一级类和 133 个二级类，用户可以根据类目的描述信息对第三级分类类目进行扩展。许多省份，如广东省、山东省、贵州省、江西省等，都制定了本省的政务信息资源数据标准或者目录标准，对信息资源分类做了规范。总体来说，分类的方法主要有按照部门分类、按照主题分类、按照行业分类、按照服务分类和按照资源形态分类几种。其中按照部门分类、按照行业分类和按照主题分类是当前与政务资源相关的信息资源最常见的分类方法，是基础性分类。

3.2.1　按照部门分类

按照部门分类是一种最常见的分类方法，也是最实用的分类方法之一。它是按照政府职能部门进行数据资源宏观分类，各政府部门可以根据本部门的特点细分和增加相关类目，编制适合本部门的分类类目。很多政府部门在梳理各自数据资源目录的过程中，都是根据自身职能、业务等情况，按照自己的业务需求进行资源分类，这种部门分类具有灵活方便、操作性强等特点，是一种非常客观、清晰的分类方法。这种分类方法的优点在于数据类别和部门的业务紧密结合，具有良好的可操作性。各个业务部门均可以根据自己业务的需要自行设计内容分类，同时，这种分类方法具有良好的可扩充性，充分体现了其灵活、实用的特点。

3.2.2　按照主题分类

按照主题分类是一种按照数据资源自身内容特征进行分类的通用方法。这种分类方法打破了部门间条块的局限，从数据资源的含义出发，将数据资源按照习惯常识进行分类，在进行跨部门综合应用时，具有普遍的适用性。主题分类又可以包括领域主题和应用主题两种分类角度。领域主题分类常用在数据资源的跨行业共享、使用过程中，例如，叮以将乡村振兴大数据资源分为产业、人才、文化、生态和组织 5 个主题类目进行管理，每一大类又可以根据相关行业标准或者次一级的主题进行细分。应用主题分类常按照某个业务或者某类业务所涉及的数据资源进行分类，涵盖了某类或某个业务线所有参与者在各自业务节点产生和使用的数据资源。这种分类方法是一种跨部门的专题内容划分，数据与分类之间往往是一对多的关系，如在实际业务应用过程中常会出现一个数据资源对应多个主题的情况。

3.2.3　按照行业分类

按照行业分类是一种按照数据资源所属的行业领域进行分类的方法。

目前，我国已经颁布了许多行业分类的相关标准，如《国民经济行业分类》（GB/T 4754—2017），按照行业分类是按照企业、事业单位、机关团体和个体从业人员所从事的生产经营活动或其他社会经济活动的性质进行分类，而不是按其所属行政管理系统进行分类。这种分类方法有利于处理各类行业资料，进行有关行业的统计分析。

3.2.4 按照服务分类

按照服务分类是指面向服务对象，按照政府整体职能而不是只从某个部门职能的角度来观察、识别数据资源的一种分类方法。政府业务按照服务对象可分为以下几种：

①政府对政府。主要是政府之间的互动，包括上下级政府之间、政府各个部门之间、政府和其内部工作人员之间的互动。

②政府对企业。主要是政府面向企业的活动，包括政府向企事业单位发布的各种方针、政策、法规、行政规定；政府向企事业单位颁发的各种营业执照、许可证、合格证、质量认证等。

③政府对公民。主要是政府面对公民的活动，即政府向公民提供的服务，如信息服务、结婚登记、车辆登记、户口管理等。

④企业对政府。主要是企业面对政府的活动，如纳税、统计信息和报表、竞投标、采购项目的各种信息、建议等。

⑤公民对政府。主要是公民对政府的活动，如个人纳税、公民参政、议政报警服务等。

⑥政府部门内部业务。主要是办公业务自动化，包括人事管理、财务管理、公文管理、资产管理、档案管理、政府采购及库房和器材管理等。

3.3 乡村振兴大数据资源分类方法

乡村振兴总要求是"产业兴旺、生态宜居、乡风文明、治理有效、生活富裕"。2018 年"两会"时，习近平总书记提出"要坚持乡村全面振兴，抓重点、补短板、强弱项，实现乡村产业振兴、人才振兴、文化振兴、生态振兴、组织振兴，推动农业全面升级、农村全面进步、农民全面发展"。乡村振兴的所有工作都围绕着这五个振兴开展，这就使得所有的乡村振兴大数据资源也都围绕着这五个振兴产生。因此，本研究开展的乡村振兴大数据资源的分类方法就按照主题进行分类，将乡村振兴大数据资源分为产业振兴、人才振兴、文化振兴、生态振兴和组织振兴大数据资源。

据统计，人类生活和生产的信息有 80％ 与空间位置有关，政府、企业和个人的各类业务存在于一定的时空大数据框架范围内，乡村振兴大数据资源随着政府、企业和个人的各类业务的开展也在这个时空大数据框架范围内流动。因此，这些大数据资源及其业务应当在一个确定的时空大数据框架上集成、展示和运转。数字地图和数字影像则是这个时空大数据框架的基本形式，因此，除乡村振兴五类大数据资源外，可再划分一类基础时空大数据资源，作为所有大数据资源的数字底层支撑。

综上所述，乡村振兴大数据资源可以分为基础时空大数据资源、产业振兴大数据资源、人才振兴大数据资源、文化振兴大数据资源、生态振兴大数据资源和组织振兴大数据资源六大类。

3.3.1 基础时空大数据资源

基础时空大数据资源主要包括基础的地理空间框架数据，这些数据与具体的政府、企业和个人的业务无关，仅用来为政府部门、企业和个人提供多种基础地物的空间表达形式。例如，基础地形图提供了最基本的地理空间框架服务，包括道路、河流、绿地、湖泊、建筑、房屋等各类基础的地形要素；遥感影像数据相对于基础地形图从视觉上更接近于人类视觉可见的外界事物形象，因此可以提供基础的看图服务，增强空间可视化效果。这些数据都为各类乡村振兴大数据提供了重要的基础支撑作用。

3.3.2 产业振兴大数据资源

产业兴旺是乡村振兴的重要基础，是解决农村一切问题的前提。乡村产业根植于县域，以农业农村资源为依托，以农民为主体，以农村一、二、三产业融合发展为路径，地域特色鲜明、创新创业活跃、业态类型丰富、利益联结紧密，是提升农业、繁荣农村、富裕农民的产业。产业振兴大数据资源包括种植业、养殖业、农产品加工业、乡村旅游、农资农机服务等各类与一、二、三产业生产相关的大数据资源。

3.3.3　人才振兴大数据资源

人才是乡村振兴的关键因素。全面推进乡村振兴，人才振兴是关键，只有人才的供给跟上了，产业才能正常运转、迭代、发展，文化才能复兴繁荣，教育才能提质增效，新模式新业态才能不断涌现，乡村振兴才能实现。因此，提高乡村人才总体发展水平，是实现农业农村现代化、巩固拓展脱贫攻坚成果同乡村振兴有效衔接的首要问题。人才振兴大数据资源包括农业生产经营人才，二、三产业发展人才，乡村公共服务人才，乡村治理人才，农业农村科技人才等各类与人才相关的大数据资源。

3.3.4　文化振兴大数据资源

文化振兴是乡村振兴的灵魂。乡村文化内涵包罗万象，从形式上可分为物质文化、精神文化和制度文化；从类型来看，涉及非物质文化遗产和物质文化遗产、人文景观、农耕文化及各民族村的民族特色文化等；从数据来源分析，包括全国内已建成的公共数字文化资源基础库、数字文化支撑平台和国家数字文化网及农村文化流动站等。概括来说，乡村文化既包括抽象的精神文化和语言行为方式，又涉及具体的文化产品和设施。乡村振兴文化大数据资源包括乡村中各级文化场所，如农家书屋、文化服务中心等；也包括各类文化项目，如文化小镇、旅游项目等；还包括弘扬传统文化的各类历史文化工程、非遗文化等。

3.3.5　生态振兴大数据资源

生态振兴是乡村振兴的重要支撑。大数据在解决乡村废弃资源循环利用、乡村生态环境监管、乡村生态环境保护、生态环境风险预警预报水平等方面都将发挥巨大作用，最终将实现乡村生态环境监管科学化和精细化，生态环境信息服务专业化和智能化，为乡村可持续发展和生态文明建设提供有效的技术保障。乡村振兴生态大数据资源包括乡村废弃资源循环利用、乡村生态环境监管、乡村生态环境保护、生态环境风险预警预报等方面的数据。

3.3.6 组织振兴大数据资源

组织振兴是乡村振兴的根本保障，就是要培养造就一批坚强的农村基层党组织和优秀的农村基层党组织书记，建立更加有效、充满活力的乡村治理新机制。组织振兴大数据资源包括基层党组织、党群服务站、教育点、社区和村镇管理、重点人员等方面的数据。

3.4 乡村振兴大数据资源分类设计

3.4.1 一级分类

本研究开展的乡村振兴大数据资源的分类方法按照主题进行分类，将乡村振兴大数据资源分为基础时空大数据资源、产业振兴大数据资源、人才振兴大数据资源、文化振兴大数据资源、生态振兴大数据资源和组织振兴大数据资源共六类，作为乡村振兴大数据资源的一级分类（图3-2）。

图3-2 乡村振兴大数据资源的一级分类

3.4.2 详细分类

根据本研究在乡村振兴大数据方面的建设经验，本节对每一类大数据资源又做了更进一步的划分，下面举例说明。

3.4.2.1　基础时空大数据资源分类

基础时空大数据资源分类见表 3-1。

表 3-1　基础时空大数据资源分类

二级分类	三级分类	四级分类
基础自然资源	基础测绘	框架数据
		影像数据
		地形地貌
	地理国情	
土地资源	土地利用现状	土地利用现状
		二调数据
		三调数据
		历年土地变化
	地质矿产	
	土地利用规划	
	基本农田	
	增减挂钩	
	存量建设用地	
	基准地价	
	耕地质量等级	
	宅基地	
	不动产登记	
	耕地后备资源	
	土地整治项目	
农业资源	土壤肥力	
	土壤类型	
	作物种植类型	
	降水	
	土壤适宜性评价	
	土地承包经营权确认	
林草资源	森林资源	林地分布
		林种分布
		林地权属
		自然保护区

（续）

二级分类	三级分类	四级分类
林草资源	森林资源	森林公园
		林业变更
		公益林
	林业执法	
	森林保护	
	林业生态	
	林业规划	
	湿地资源	
	草资源	
水资源	水利基础设施	取水口
		排水口
		水利工程
		水闸
		水厂
	水库	
	湖泊	
	水系	
	水情监测	
	防汛	
……	……	……

3.4.2.2 产业振兴大数据资源分类

产业振兴大数据资源分类见表 3-2。

表 3-2 产业振兴数据分类

二级分类	三级分类	四级分类
生产能力提升	基础设施	基本农田保护区
		土地流转
		耕地保有量
	产业结构	种植模式
		养殖场
		经济林基地
	品牌质量	

（续）

二级分类	三级分类	四级分类
产业融合发展	农产品加工	屠宰场
		农资企业
		农资经营单位
		社区农业发展公司
	新业态	农业园区
		农家乐
		采摘园
		文化小镇
		田园综合体
		农村淘宝服务站
		电商创业园
		特色产业镇
新旧动能转换	主体培育	农机合作社
		农民合作社
		示范合作社
		龙头企业
		家庭农场
	科技创新	高新技术企业
		重大科技创新平台
		科技孵化器
		博士科研工作站
		农业企业产学研合作
		创业载体
……	……	……

3.4.2.3　人才振兴大数据资源分类

人才振兴大数据资源分类见表 3-3。

表 3-3　人才振兴数据分类

二级分类	三级分类	四级分类
人才引进	农业科技领军人才	
	三支一扶	

(续)

二级分类	三级分类	四级分类
	农业科技人才	农机维修人才
		其他科技人才
		畜牧兽医技术人员
人才培育	农村专业人才	乡村医疗卫生人员
		农村学校特级教师
	高素质农民	
	农村乡土人才	
	农村创新创业人才	
	科级副职	
人才下沉	科技特派员	
	第一书记	
……	……	……

3.4.2.4 文化振兴大数据资源分类

文化振兴大数据资源分类见表 3-4。

表 3-4 文化振兴数据分类

二级分类	三级分类	四级分类
	基层文化服务阵地	社会文化场所
		农家书屋
		镇街文化场所
		文化服务中心
文化惠民工程		文化项目
	乡村文化发展	特色小镇
		文化小镇
		旅游项目
	弘扬传统文化	传统文化
传统文化传承		历史文化展示工程
	推进历史记忆	非遗文化
		非遗聚集打造区
……	……	……

3.4.2.5　生态振兴大数据资源分类

生态振兴大数据资源分类见表 3-5。

表 3-5　生态振兴数据分类

二级分类	三级分类	四级分类
人居环境改善	农村七改工程	
	美丽村居建设	特色风貌示范村
		文明村镇
农业绿色发展	农用地土壤监测	特色农产品产地土壤监测
		农用地土壤污染监测点
		农用地土壤污染详查
	耕地存量	
	耕地质量	
生态保护修复	生态红线	
	湿地	
	森林抚育	
	湿地修复	
	特色经济林示范基地	
……	……	……

3.4.2.6　组织振兴大数据资源分类

组织振兴大数据资源分类见表 3-6。

表 3-6　组织振兴数据分类

二级分类	三级分类	四级分类
基层组织健全	基层党组织	党支部
		镇街党组织
		社区党委
		网络党支部
	党群服务	党群服务站
		党性教育点
		两新组织示范点
骨干力量培育	党员	
	储备力量	

（续）

二级分类	三级分类	四级分类
工作力量下沉	第一书记 三支一扶 科级副职	
……	……	……

3.5　本章小结

为了推动乡村振兴过程中大数据资源的共享和开放，为乡村振兴大数据应用打下良好基础，需要建立乡村振兴大数据目录体系。本章首先构建了乡村振兴大数据分类目录体系的概念模型，阐述了该模型的组成及其关系。其次，回顾了信息资源常用的分类方法，对每个方法的思路进行分析，讨论了其优缺点及适用性场景。最后，论述了本研究所采用的乡村振兴大数据资源分类方法，并从实践的角度对乡村振兴大数据资源的分类进行了设计。

第4章

乡村振兴大数据标准规范体系设计

　　乡村振兴大数据是乡村振兴战略建设过程中重要的生产要素，同时也是国家基础性战略资源。乡村振兴大数据是数据的集合，是推动乡村经济发展的新动力，是提升乡村治理能力的新途径。当前，全面推进乡村振兴迫切需要信息化、大数据的支撑和助力。

　　许多涉农部门已建成了涉及种植、畜牧、水产、农机、经管等诸多业务的信息系统，但这些信息系统的建设主要以各部门、各部门内的各业务部门从上向下，按照业务管理的思路，根据业务需求各自立项、独自建设。一方面，各个信息系统之间各自为政、缺乏统筹，更没有统一标准；另一方面，各个部门从上到下的"烟囱"式信息系统建设比较普遍，甚至于各个部门从上到下使用的网络也是专有的，这就造成了各个信息系统之间严重缺乏共享互通与信息更新机制，导致业务数据资源分散在各级和各职能部门，形成了一座座信息系统"孤岛"，造成了大数据资源的严重"碎片化"，严重阻碍了乡村振兴大数据的应用和价值的挖掘。

　　目前，已经有部分自身生产基础数据能力强的政府部门建设了一些数据应用的基础型平台，如部分地区的自然资源和规划部门（原国土资源部门或规划部门）建设了数字城市、时空大数据平台或者乡村振兴"一张图"等，其他部门都可以在这些基础数据平台上建设自己的业务应用系统，如与农业相关的有"农产品安全监管""乡村文旅""绿色认证""作物种植""农业气象灾害预警"等，可以为相关管理部门提供决策依据。这些大数据平台的建设和应用实践表明，要想在乡村振兴中实现"说话数据化，决策数据化，管理数据化，创新数据化"，就需要加强顶层设计，以乡村建设应用场景的需求为牵引，以各类用户为中心，以部门和企业的业务流程再造为重点，建立乡村振兴大数据标准体系，开展乡村振兴大数据标准化工作，以实现跨信息系统、跨上下层级的高质量归集数据、高效率共享数据、高标准利用数据，最大限度发挥数据的作用。

4.1 大数据标准化现状

4.1.1 国外标准化现状

国际大数据标准化工作主要集中在国际标准化组织（ISO）和国际电工技术委员会（IEC）成立的第一联合技术委员会（JTC1），该委员会于 2014 年 11 月成立第 9 大数据工作组（WG9），其主要工作之一是编制大数据基础标准，以指导 JTC1 中其他大数据标准的编制。后来随着 JTC1 下的人工智能委员会（SC42）的成立，WG9 被解散，其研究项目被转移到 SC42 下的 WG2 和 WG4。目前，WG2 和 WG4 已发布了 6 个大数据相关国际标准，其中包括《信息技术大数据概述和术语》（ISO/IEC 20546：2019）和《信息技术大数据参考架构》（BS ISO/IEC 20547—3：2020）系列等。《信息技术大数据参考架构》系列包括 5 部分，分别是框架和应用、用例和派生需求、参考架构、安全和隐私、标准路线图。

国际电信联盟电信标准分局（ITU－T）在 2013 年 11 月发布了《大数据：今天巨大，明天平常》技术观察报告，该报告认为，大数据发展面临的最大挑战包括数据保护、隐私和网络安全法律法规的完善。因此，ITU－T 开展了大数据元数据框架和概念模型、大数据交换框架和需求标准、大数据溯源需求标准等一系列国际标准的研制。中国信通院、中国电信等国内的一些研究机构负责了部分标准的研制，并获得批准。

美国也较系统地开展了大数据标准化工作。美国国家标准与技术研究院在 2013 年 6 月建立了大数据公共工作组，致力于研制大数据互操作性框架，目前已发布了《大数据互操作框架》7 卷研究报告，包括定义、大数据分类、用例和一般需求、安全和隐私、架构调研白皮书、参考架构、标准路线图，明确了美国大数据标准化工作内容和框架。

ISO 也是国际上农业领域最重要的标准制定组织之一，目前已经制定了 1 000 多个与农业相关的标准，涵盖了农业机械、灌溉、肥料和土壤、饲养机械、环境管理、农业电子、食品工业和安全等诸多领域。此外，ISO 还建立了第 34 号技术委员会，专门负责农业食品方面的标准制定。该技术委员会下设了 16 个子委员会，所制定标准涵盖蔬菜水果及其食物制品、牛奶和奶制品、肉禽鱼蛋及其制品、茶、咖啡、可可等，共计836 项。

国际上重要的农业领域标准制定组织还有食品法典委员会（CAC）。CAC 是联合国粮食及农业组织和世界卫生组织共同建立的，包括 173 个成员国和 1 个成员组织（欧盟），其宗旨是保障消费者的健康和确保食品贸易公平，工作重点是制定国际食品相关的标准、指南和行为准则。目前，CAC 已经制定了聚焦于农业、水产等各类食品的 200 多项标准，针对这些食品制定了产品的定义、配料、相关的质量指标等。

此外，欧洲标准化委员会、美国国家标准学会、美国食品与药物管理局、日本规格协会、韩国技术标准署等许多国家的组织也制定了大量的农业领域的标准，这些标准的制定大大推动了农业领域的发展和大数据的应用。

4.1.2　国内标准化现状

为了与国际标准接轨，推动和规范我国大数据产业发展，推动大数据在各个领域的深入应用，建立大数据产业链，全国信息技术标准化技术委员会（SAC/TC28）于 2014 年 12 月 2 日成立了负责制定和完善我国大数据领域标准体系和标准化研究的大数据标准工作组，该工作组已经于2020 年 7 月发布了《大数据标准化白皮书》，构建了大数据标准体系框架，确定了基础标准、数据标准、技术标准、平台/工具标准、管理标准、安全标准、行业应用标准等 7 个大数据标准组成类别，为我国大数据标准化工作提供了指南。该组织根据大数据标准体系框架，整理出发布、报批、在研以及拟研制的大数据领域相关国家标准近百项，已自主研制形成一批大数据领域国家标准，并开展了试验验证、试点应用工作。该组织目前已发布《信息技术大数据术语》（GB/T 35295—2017）、《信息技术大数据技术参考模型》（GB/T 35589—2017）、《信息技术 数据溯源描述模型》（GB/T 34945—2017）等近 30 项国家标准，还有若干项国家标准正在报批阶段或正在研制。

我国负责大数据安全领域国家标准研制工作的全国信息安全标准化技术委员会（SAC/TC 260）于 2016 年 4 月成立了大数据安全标准特别工作组，该工作组目前已开展 8 项大数据安全领域国家标准研制工作，《信息安全技术 个人信息安全规范》（GB/T 35273—2017）、《信息安全技术 大数据服务安全能力》（GB/T 35274—2017）、《信息安全技术 大数据安全管理指南》（GB/T 37973—2019）和《信息安全技术个人信息安全影响评估指南》（20180840—T—469）等标准已经发布，另外还有若干标准正在研制。

至 2023 年 7 月，我国农业农村部发布的农业领域国家标准和规范达到 7 990 项，包括食品安全标准、产品标准、等级规格、检测方法、标签流通、疾病防控、工艺技术、机械设备、环境要求、基础综合 10 类。另外还有农业领域的大量行业标准和地方标准。在这些标准中，与大数据有关的标准主要是一些同术语、编码规则和代码、元数据等相关的标准或规范，表 4-1 中是部分标准。

表 4-1　与农业大数据直接相关的标准

标准编号	标准名称
NY/T 4370—2023	农业遥感术语 种植业
NY/T 4330—2023	辣椒制品分类及术语
NY/T 4324—2023	渔业信息资源分类与编码
SC/T 3055—2022	藻类产品分类与名称
NY/T 3989—2021	农业农村地理信息数据管理规范
NY/T 3987—2021	农业信息资源分类与编码
NY/T 4061—2021	农业大数据核心元数据
NY/T 3820—2020	全国 12316 数据资源建设规范
NY/T 3500—2019	农业信息基础共享元数据
NY/T 3501—2019	农业数据共享技术规范
NY/T 3177—2018	农产品分类与代码

（续）

标准编号	标准名称
NY/T 2539—2016	农村土地承包经营权确权登记数据库规范
NY/T 2636—2014	温带水果分类和编码
NY/T 1430—2007	农产品产地编码规则
NY/T 1171—2006	草业资源信息元数据

4.2　标准体系构建方法

在一定范围内为实现某一特定功能或目标而建立的一系列标准按照其内在联系形成的科学的有机整体就是标准体系，这里所说的特定功能或目标决定了它具有一定的边界和范围。例如，与实现农业领域的标准化目的有关的所有标准，可以形成一个农业的标准体系；与实现某种农产品的标准化目的有关的标准，可以形成该种产品的标准体系；与实现某个项目目标相关的标准，可以形成该项目的标准体系。标准体系的构建方法有很多，如视角分析法、综合标准化法、系统工程法等。

4.2.1　视角分析法

视角分析法是 20 世纪 90 年代国际标准化组织/国际电工技术委员会（ISO/IEC）在其制定的开放分布式处理参考模型（The Reference Model of Open Distributed Processing，RM‐ODP）中提出的标准体系框架分析方法，目标是解决异构信息系统各种相关机制一致性的问题。标准体系框架可以从部门、信息、计算、工程、技术等五个视角分析标准化内容（图 4‐1）。

①部门视角是站在信息系统的管理者和使用者的角度，重点描述信息系统建设的目的、角色、范围、政策、组织结构、责任和工作过程。

②信息视角是站在信息管理者和信息工程师的角度，更注重访问到的信息，特别是信息的语义和所执行的信息处理步骤。

③计算视角是站在系统设计者和编程者的角度，将系统分解为接口间

的分布状态，系统组件/服务的组成、接口，以及组件/服务之间的相互作用。

④工程视角是站在通信设计者角度，解决其所遇到的问题，描述实现分布对象之间的交互所需要的机制，但不涉及具体实现的技术细节。

⑤技术视角是站在具体实现技术的角度，关注如何根据其它视角的描述规范，选择和配置适当的技术，以实现开放分布式系统。

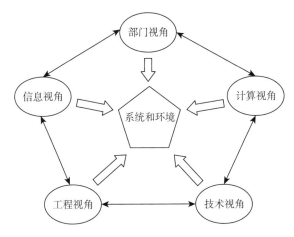

图 4-1　标准体系框架视角分析法示意

姚艳敏等采用视角分析法构建了农业大数据标准体系框架，从部门、信息、计算、工程、技术 5 个视角分析标准化内容。其中，部门视角重点定义了农业大数据的目标、范围和策略等，为其他视角标准的制定提供基础；信息视角定义了农业大数据的基本语义和结构标准，目标在于规范农业大数据管理和数据交换；计算视角说明了农业大数据平台系统服务之间的交互方式，通过系统功能的分解来实现信息在接口间的交换，目的在于规范农业大数据系统服务的组件及其行为标准；工程视角说明了面向分布式网络化的农业大数据计算系统的实现设计、数据和服务之间的交互及系统互联相关的标准；技术视角说明了实施农业大数据的具体技术标准，如软件、硬件产品等。部门视角、工程视角、技术视角的农业大数据标准可以参考国家、农业农村部等制定的农业大数据相关政策和法律法规及大数据相关技术和工程的国家标准和行业标准进行研制。

4.2.2 综合标准化法

"综合标准化"的概念于 20 世纪 60 年代起源于苏联，于 20 世纪 80 年代初引入我国。国家质量监督检验检疫总局和国家标准化管理委员会于 2009 年 5 月批准发布并于当年 11 月 1 日起正式实施《综合标准化工作指南》（GB/T 12366—2009）。该指南对综合标准化的定义是："为了达到确定目标，运用系统分析方法，建立标准综合体，并贯彻实施的标准化活动。"这里提到的标准综合体是综合标准化对象及其相关要素按其内在联系或功能要求，以整体效益最佳为目标形成的相关指标协调优化、相互配合的成套标准，实际上就是标准体系。综合标准化则是对标准体系的实施，不是以制定标准为目的，而是以解决问题为目的。

综合标准化的工作重点是用标准解决实际问题，不追求标准数量，主张够用就行；综合标准化也不是要求高水平地制定标准，主张适用就行；综合标准化注重标准之间的关系，要求能形成一个最佳的有机整体，即综合标准化不刻意地要求单个标准最佳，而是要求标准系统整体达到最佳。综合标准化所要解决的问题不是个别的、孤立的、简单的问题，而是复杂的综合性问题。这就要求必须把各个问题的关系理清楚，有针对性地制定一套标准。综合标准化过程中必须处理的难题是如何制定这一套标准，考虑好各个标准之间的关系，使其密切联系，成为一个有机整体，并且真正解决问题。综合标准化也要考虑标准的实施问题，从标准的制定到标准的实施、实施过程的管理，直到问题得到解决，要涉及诸多部门和环节，要组织许多人参加，要做大量的协调工作。

4.2.3 系统工程法

系统工程法通常用于标准体系的结构设计，主要方法有霍尔三维结构法、工作分解结构法等。

4.2.3.1 霍尔三维结构法

霍尔三维结构法又称霍尔的系统工程，是美国系统工程专家霍尔（A. D. Hall）等人在大量工程实践的基础上，于 1969 年提出的一种系统工程方法论。霍尔三维结构是指由时间维、逻辑维和知识维所组成的三维空间结构，在这个三维空间结构中将系统工程整个活动过程分为前后紧密衔接的七个阶段和七个步骤，同时还考虑了为完成这些阶段和步骤所需要的各种专业知识和技能。时间维表示系统工程活动从开始到结束按时间顺序排列的全过程，划分成规划、拟订方案、研制、生产、安装、运行、更新七个时间阶段。逻辑维是指时间维的每一个阶段内所要进行的工作内容和应该遵循的思维程序，即明确问题、确定目标、系统综合、系统分析、优化、决策、实施七个逻辑步骤。知识维列举了需要运用的各种知识和技能，包括工程、医学、建筑、商业、法律、管理、社会科学、艺术等诸多领域。霍尔三维结构法能够形象地描述系统工程研究的框架，其中任一阶段和步骤都可以进一步展开，从而形成分层次的树状体系。对于某标准化对象，从确定目标到标准系统寿命终止的整个标准化系统工程中所有的分析论证和组织管理工作，都可以运用霍尔三维结构法全面地处理和解决。

4.2.3.2 工作分解结构法

工作分解结构（Work Breakdown Structure，WBS）法最早由美国国防部军用标准提出，它是一种把系统或产品逐层逐级分解为任务项目或分系统，以描述任务项目或分系统与系统目标之间从属关系的组织图表。WBS法可以定义为以可交付成果为导向，对项目团队为实现项目目标并完成规定可交付成果而执行的工作所进行的结构层次分解。WBS法将项目任务分解成更小的、更便于管理的工作单元，任何复杂系统都可以通过这种方法从最高层级到最低层级分解表示为图形式的结构。

WBS法为所有的项目参与者提供沟通渠道，使各项工作能在明确定义的基础上进行，所以确定WBS经常是大型项目复杂工作开始时的首要步骤。WBS法需要根据项目的自身特点进行分析、归类，厘清其内在逻辑关系，常用编制方法有以下四种。

①自上而下法。根据项目的目标和产出物逐层由上往下细分，分解得出下一层子项目或项目要素，然后逐步确定项目目标和生成项目产出物的全部工作。

②自下而上法。从一开始就尽可能地确定项目有关的各项具体任务，然后再将各项具体任务进行整合，并规整到一个整体任务或 WBS 的上一级内容中去。

③WBS 标准法。WBS 标准法包括一系列创建 WBS 应遵循的原则，如格式、编码系统、命名方法以及必要的元素等。在一些项目管理成熟度较高的组织中该方法使用非常普遍，采用的这些标准有利于保证组织内所有的 WBS 的一致性和完整性。

④WBS 模板法。WBS 模板法是指参考项目所属专业技术领域中的标准化或通用化的项目工作分解结构模板，然后根据项目的具体情况进行一定的增删或修改而得到 WBS 的方法。这些模板是一个项目具体信息编制 WBS 的"容器"，一个组织可以根据不同项目类型和不同项目生命周期定制不同的模板。

4.3　乡村振兴大数据标准体系框架构建

乡村振兴大数据标准体系的构建是一项非常复杂的系统工程，在构建过程中，必须始终坚持科学态度，一切从实际出发，抓住关键过程和关键环节，综合运用各种构建方法，保证构建的标准体系具有科学性、适用性和有效性。通过统一大数据标准体系，规范和指导新建应用系统数据库建设，能够助力应用系统的整合，促进业务协同，提升整体工作效率，提升乡村振兴大数据管理和服务的能力。

根据前述标准体系构建方法和乡村振兴大数据资源体系结构的特点，本研究采用视角分析法构建乡村振兴大数据标准体系。

乡村振兴大数据标准体系建设原则是：

①全面性。乡村振兴大数据标准体系要涵盖乡村振兴战略实施过程中涉及的各个业务领域的数据，促进整体数据的规范梳理及定义。

②前瞻性。乡村振兴大数据标准体系建设要从战略的角度出发，结合今后及未来一段时间的需求，借鉴本行业及其他行业经验。确保乡村振兴大数据标准体系具有一定的前瞻性，杜绝仅满足于眼前而没有扩展性的

问题。

③可执行性。乡村振兴大数据标准体系建设要经过充分的调研分析，鉴于已有信息系统及新建信息系统的不同需求，衡量信息系统改造的难度及数据共享的必要性，确保乡村振兴大数据标准体系可执行。本研究提出了乡村振兴大数据标准化体系框架（图4-2），可以为乡村振兴数字化建设及大数据管理和服务的宏观决策、业务管理以及信息系统建设提供规范化指南。

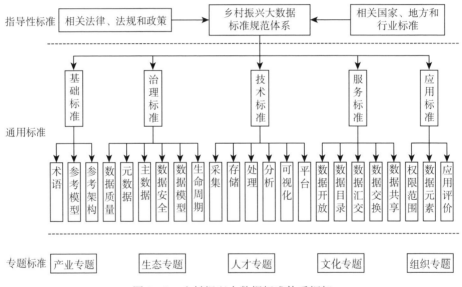

图4-2　乡村振兴大数据标准体系框架

乡村振兴大数据标准体系框架分为三个层次：指导性标准、通用标准和专题标准。其中，指导性标准是大数据标准制定和协调的依据，包括国家在大数据和乡村振兴方面的相关法律、法规和政策，以及相关标准；通用标准是在指导性标准的基础上建立的一组乡村振兴大数据普遍适用的标准，包括5个标准类别，即基础标准、治理标准、技术标准、服务标准和应用标准；专题标准是在指导性标准和通用标准的基础上，乡村振兴战略的产业专题、人才专题、文化专题、生态专题、组织专题等全过程涉及的大数据的标准规范。

4.3.1　指导性标准

指导性标准为乡村振兴大数据标准规范研制提供参考和指南，乡村振兴大数据标准规范的制定需要遵循指导性标准规定的内容，与指导性标准保持一致。表 4-2 是部分已发布的大数据相关国家标准。

表 4-2　部分已发布的大数据相关国家标准

标准编号	标准名称
GB/T 35295—2017	信息技术　大数据　术语
GB/T 35589—2017	信息技术　大数据　技术参考模型
GB/T 35294—2017	信息技术　科学数据引用
GB/T 34945—2017	信息技术　数据溯源描述模型
GB/T 36343—2018	信息技术　数据交易服务平台　交易数据描述
GB/T 36344—2018	信息技术　数据质量评价指标
GB/T 36345—2018	信息技术　通用数据导入接口规范
GB/T 37728—2019	信息技术　数据交易服务平台　通用功能
GB/T 37721—2019	信息技术　大数据　分析系统功能要求
GB/T 37722—2019	信息技术　大数据　存储与处理系统功能要求
GB/T 38672—2020	信息技术　大数据　接口基本要求
GB/T 38667—2020	信息技术　大数据　数据分类指南
GB/T 38673—2020	信息技术　大数据　大数据系统基本要求
GB/T 38676—2020	信息技术　大数据　存储与处理系统功能测试要求
GB/T 38643—2020	信息技术　大数据　分析系统功能测试要求

4.3.2　通用标准

乡村振兴大数据通用标准是在指导性标准的基础上，通过协调和统一在乡村振兴大数据建设和应用中具有广泛适用范围，具有通用性和总体性的相关标准规范，而建立的一组乡村振兴大数据普遍适用的标准。

4.3.2.1　基础标准

基础标准为整个乡村振兴大数据标准体系提供包括乡村振兴大数据标

准参考模型、乡村振兴大数据术语标准、乡村振兴大数据分类标准等在内的基础性标准。乡村振兴大数据标准参考模型提供乡村振兴大数据标准体系框架、标准构成和相互关系，为乡村振兴大数据建设和应用标准化工作提供指导。乡村振兴大数据术语标准统一了乡村振兴大数据概念和术语，确定乡村振兴大数据术语的语义表达及来源出处，从概念上保证乡村振兴大数据表达的一致性。乡村振兴大数据分类标准是在分析乡村振兴各类业务运转全过程信息化的基础上，对乡村振兴大数据进行分类，指导乡村振兴大数据采集、共享和应用。

4.3.2.2　治理标准

治理标准包括元数据标准、主数据标准、数据质量标准、数据安全标准、数据模型标准、数据生命周期标准等。元数据标准主要是规范数据集的标识信息、数据质量信息、空间表示信息、分发信息等，为乡村振兴大数据的编目、描述、组织管理及数据交换网站的数据服务提供指南。主数据标准明确主数据的数据字段内容及格式，为构建乡村振兴大数据空间数据仓库提供统一的数据结构，为业务流转提供基础支撑，确保数据的一致性和唯一性。数据质量标准规定乡村振兴大数据集成、处理、分析、共享全过程的数据质量控制和数据质量评价内容，确保乡村振兴大数据的正确性。安全标准贯穿整个乡村振兴大数据生命周期的各个阶段，除了关注数据安全和系统安全外，还应在软件安全、数据交换服务安全、个人信息安全等方面进行规范。数据模型标准可以为乡村振兴提供参考逻辑模型，提供设计数据模型所需要的标准化用语、词汇等数据要素，提供数据模型标准化管理制度。数据生命周期标准提供从数据输入到数据销毁的整个生命周期内对数据进行管理的标准化方法和活动，保障数据在生命周期的每个阶段最大程度发挥数据的价值。

4.3.2.3　技术标准

技术标准涉及采集标准、预处理标准、数据存储标准、可视化标准、平台建设标准等技术标准。采集标准主要是根据乡村振兴大数据获取方法和技术手段的不同，研究制定基于地面调查、物联网、互联网、地面/机载/星载传感器等的乡村振兴大数据采集和获取的标准，规范乡村振兴大数据的获取环境、方法、数据处理流程、数据成果的技术指标等。预处理标准主要是规范化数据提取、转换、清洗、装载的技术要求和质量控制，为乡村振兴大数据应用提供可靠的数据提供指南。数据存储标准主要规定乡村振兴大数据的分布式文件存储、分布式结构化数据存储、分布式列式数据存储、分布式图数据存储等的功能要求，用于乡村振兴大数据存储与处理系统的开发和应用。可视化标准主要规范乡村振兴大数据图示的符号注记的使用方法、配色等。平台建设标准主要规定乡村振兴大数据平台的总体要求、总体架构，以及平台功能、性能、数据接口、部署环境、安全性、运行维护等方面的基本要求。

4.3.2.4 服务标准

服务标准主要包括开放标准、目录标准、数据汇交标准、接口和交换标准、共享与服务标准。开放标准用于规定乡村振兴大数据开放的数据种类、数据条目，数据开放的对象和权限，数据开放的方式等。目录标准规定了大数据资源目录的分类标准、编码标准、安全标准、元数据标准，规定了数据目录和服务目录核心源数据库建设标准、目录服务技术标准等。数据汇交标准规定了数据目录和质量、数据提交方和管理方，数据实体内容、数据汇交技术方案、数据使用期限和保存期限等。接口和交换标准主要规定物联网、互联网等系统之间进行信息交换和共享时数据接口的推送数据、获取数据等的接口参数及数据交换格式，规范系统之间信息交换和共享的设计、系统开发及运行维护管理。共享与服务标准主要规范乡村振兴大数据信息共享的类型、级别、安全、管理及共享途径等要求。

4.3.2.5 应用标准

应用标准主要包括权限标准、数据元素标准、应用评价标准等。权限标准主要规定了对于各类大数据的访问权限、对各类乡村振兴业务和业务节点的访问权限，这些权限包括查看、增加、修改和删除等，也包括对管辖范围内的大数据和相关人员进行授权等。数据元素标准主要明确和统一乡村振兴大数据元素的名称、定义、数据类型、域值范围等属性描述，使乡村振兴大数据建设者和使用者对数据拥有一致的语义理解、表达和标识，减少数据采集的随意性、数据整合难度以及对数据理解的歧义，推动实现乡村振兴大数据应用平台的互联互通和共建共享。应用评价标准规定了对大数据的应用进行评价的内容、指标、方式、评价的实施策略、评价结果的运用等。

4.3.3 专题标准

产业专题标准主要用来规范乡村振兴过程中与产业有关的大数据和应用标准，包括种植业、养殖业、加工业、物流业、销售等产业方面，也包括粮食安全、食品安全、质量追溯等方面。人才专题标准主要用来规范乡村振兴过程中与人才相关的大数据和应用标准，包括人才现状、人才引进、人才培育、人才供需、人才待遇等方面。文化专题标准主要用来规范乡村振兴过程中与文化相关的大数据和应用标准，包括非物质文化遗产和物质文化遗产、人文景观、农耕文化以及各民族村的民族特色文化等方面，也包括各类文化历史资料、文化产品和设施、文化活动等方面。生态专题标准主要用来规范乡村振兴过程中与生态相关的大数据和应用标准，包括乡土风貌、山清水秀、天蓝地绿的美丽乡村建设等，也包括乡村废弃资源循环利用、乡村生态环境监管、乡村生态环境保护、生态环境风险预警预报、生态环境治理等方面。组织专题标准主要用来规范乡村振兴过程中与组织相关的大数据和应用标准，包括基层党组织建设、基层治理、乡村事务、村务信息公开、乡村特殊人权管理、村集体资产管理等诸多方面。

乡村振兴大数据专题标准除了上述各项大数据和应用标准外，还应当包括与五大振兴有关的专题业务系统或专题信息平台建设的相关标准。

4.4 本章小结

乡村振兴过程中大数据资源的使用严重缺乏共享互通与信息更新机制，信息系统"孤岛"大量存在，大数据资源存在严重的"碎片化"。这些问题严重阻碍了乡村振兴大数据的应用和价值的挖掘，本章从乡村振兴大数据标准规范体系的角度提出了解决方案。首先对大数据标准化的现状进行了回顾，发现目前不论国内还是国外，标准化是解决大数据问题的方案之一，并且已经在各个领域制定了大量的标准，对数据共享和互通提供了极大的便利。其次，对标准体系的几种构建方法进行了阐述、对比和分析，如视角分析法、综合标准化法、系统工程法等。最后，针对乡村振兴大数据的实际情况，选用恰当的方法，制定了乡村振兴大数据标准体系框架，主要包括指导性标准、通用标准和专题标准，为乡村振兴大数据标准的制定提供了思路。

第5章

乡村振兴大数据平台设计

大数据时代，数据是一种重要的资产。乡村振兴大数据平台就是用于支撑在乡村振兴过程中与大数据相关的业务开发的平台，它支持海量数据的采集、存储、计算、查询、展示、权限管理和集群管控等一系列功能。建设乡村振兴大数据平台应首先选择一个合适的平台架构，然后在这个平台上选择合适的各类工具，最终完成乡村振兴大数据平台的构建。

5.1 平台架构设计

在进行大数据平台建设之前，选择一种合理的数据处理架构是一项重要任务。数据处理架构是旨在高效处理大量数据引入、处理和存储的系统。这些架构起着至关重要的作用，它们允许数据分析人员从其数据中分析和提取有价值的信息，以提供决策支持。当前两种最流行的数据处理架构是 Lambda 和 Kappa，每种结构都有自己的特征和功能。下面对这两种架构做简单说明，并进行对比分析，以选择适合于项目需求的大数据平台架构。

5.1.1 当前主流大数据平台架构

5.1.1.1 Lambda 架构

（1）Lambda 架构的主要功能和特征

Lambda 架构（图 5 - 1）目标在于为处理大量数据提供一个可扩展、容错且灵活的系统。它由 Nathan Marz 于 2011 年开发，旨在解决大规模实时处理数据的挑战。

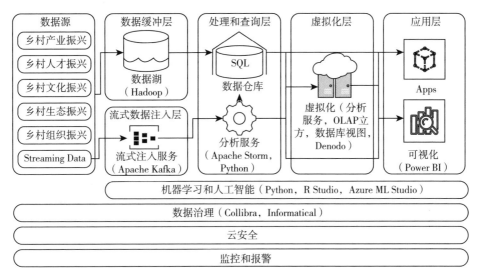

图 5 - 1　Lambda 架构

　　Lambda 架构的关键功能是它使用两个独立的数据处理系统来处理不同类型的数据处理工作负载（图 5 - 2）。第一个系统是批处理系统，它大批量处理数据并将结果存储在集中式数据存储中，如数据仓库或分布式文件系统。第二个系统是实时处理系统，它在数据到达时实时处理数据，并将结果存储在分布式数据存储中。

图 5 - 2　Lambda 架构中的实时流处理和批处理

　　在 Lambda 架构中，四个主要层协同工作以处理和存储大量数据。以下是每个层如何工作的简要概述。

　　①数据采集层。此层收集和存储来自各种源的原始数据，如日志文件、传感器、消息队列和 API。数据通常实时摄取并同时馈送到批处理层和实时处理层。

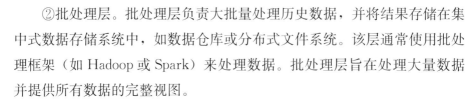

②批处理层。批处理层负责大批量处理历史数据，并将结果存储在集中式数据存储系统中，如数据仓库或分布式文件系统。该层通常使用批处理框架（如 Hadoop 或 Spark）来处理数据。批处理层旨在处理大量数据并提供所有数据的完整视图。

③实时处理层。实时处理层负责处理到达的实时数据，并将结果存储在分布式数据存储系统中，如消息队列或 NoSQL 数据库。该层通常使用流处理框架（如 ApacheFlink 或 Apache Storm）来处理数据流。实时处理层旨在处理大量数据流并提供数据的最新视图。

④服务层。服务层是 Lambda 架构的一个组件，旨在提供对查询结果的快速可靠访问，无论数据是从批处理层访问还是实时处理层访问。它通常作为批处理层和实时处理层之上的层实现，通过查询层访问。该层允许用户使用查询语言（如 SQL 或 HiveQL）查询数据。服务层通常使用分布式数据存储系统（如 NoSQL 数据库或分布式缓存）来存储查询结果并将其实时提供给用户。

服务层是 Lambda 架构的重要组成部分，因为它允许用户以无缝且一致的方式访问数据，不受底层数据处理架构的影响。它还在支持实时应用程序（如仪表板和分析）方面发挥着至关重要的作用（这些应用程序需要快速访问最新数据）。

（2）使用 Lambda 架构的优缺点

Lambda 架构的主要优点是，通常可以继续使用现有的批处理 ETL 进程作为批处理组件，但是现有系统无法处理组织看到的数据吞吐量。Lambda 的一个众所周知的缺点是，必须管理和维护两个独立的系统来获取数据。

Lambda 架构的优点有：

①可扩展性。Lambda 架构可以进行扩展以满足业务需求。

②容错。Lambda 架构容错性强，可以与多个层和系统协同工作，以确保可靠地处理和存储数据。

③灵活性。Lambda 架构非常灵活，可以处理批处理或实时处理架构的各种数据处理工作负载。

Lambda 架构系统的缺点有：

①复杂性。Lambda 架构是一个复杂的系统，它使用多个层和系统来处理和存储数据，对其进行设置和维护可能具有挑战性，特别是对于不熟悉分布式系统和数据处理框架的企业来说更具挑战性。

②错误和数据差异对于不同工作流的实现（尽管不同工作流遵循相同的逻辑，但实现方式不同），可能会遇到批处理和实时处理架构产生不同结果的问题，这些问题很难找到，也很难进行调试。

③架构锁定。重新组织或迁移存储在 Lambda 架构中的现有数据可能非常困难。

（3）Lambda 架构的使用场景

Lambda 架构是一种数据处理架构，非常适合各种数据处理工作负载。它对于处理大量数据和提供低延迟查询结果特别有用，非常适合实时分析应用程序，如仪表板和报告。Lambda 架构还可用于批处理任务（如数据清理、转换和聚合）以及实时处理任务（如事件处理、机器学习模型、异常检测和欺诈检测）。此外，Lambda 架构通常用于构建数据湖，数据湖是存储静态结构化和非结构化数据的集中式存储库，非常适合处理 IoT 设备生成的大容量数据流。

5.1.1.2　Kappa 架构

（1）Kappa 架构的主要特点

Kappa 架构（图 5-3）旨在提供可扩展、容错且灵活的系统，用于实时处理大量数据，它可以作为 Lambda 架构的替代方案。

与 Lambda 架构相比，Kappa 架构将所有内容视为流，因此使用单个数据处理系统来处理批处理和流处理工作负载（图 5-4）。这使其能够提供更加精简的数据处理管道，同时仍可以快速可靠地访问查询结果。

在 Kappa 架构中只有一个主要层：流处理层（图 5-5）。该层负责收集、处理和存储实时流数据。用户可以将其视为删除了批处理系统的 Lambda 方法的演变，它通常使用流处理引擎实现，如 Apache Flink、Apache Storm、Apache Kafka 等，可以处理大容量数据流，并提供对查询结果的快速可靠地访问。

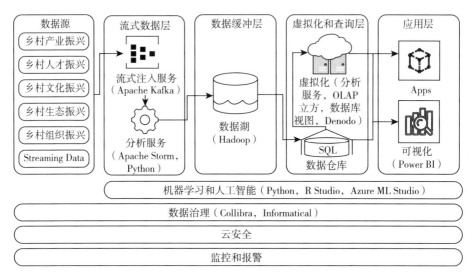

图 5-3　Kappa 架构

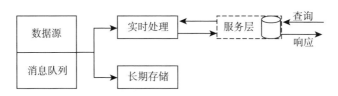

图 5-4　Kappa 架构中的实时流处理

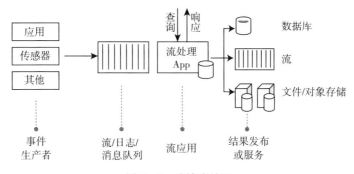

图 5-5　连续流处理

Kappa 架构中的流处理层分为两个主要组件：引入组件和处理组件。

①引入组件。此组件负责收集传入数据并存储来自各种源（如日志文件、传感器和 API）的原始数据。数据通常是实时采集的，并存储在分布式数据存储系统中，如消息队列或 NoSQL 数据库。

②处理组件。此组件负责在数据到达时处理数据，并将结果存储在分布式数据存储系统中。它通常使用流处理引擎（如 Apache Flink 或 Apache Storm）实现，旨在处理大容量数据流并提供对查询结果的快速可靠访问。在 Kappa 架构中，没有单独的服务层，由流处理层负责向用户提供实时查询结果。

Kappa 架构中的流处理平台设计为具有较强的容错性和可扩展性，每个组件在实时数据处理管道中提供特定功能。

（2）Kappa 架构的利弊

Kappa 架构的最大优势在于简化了 Lambda 架构，用户可以将流服务作为主要数据源，这减少了组织必须维护的服务数量和代码量。将组织中的每个数据点视为流事件还使用户能够跳跃到任何点查看组织中所有数据的状态。Kappa 的一个缺点是在出现错误时需要重新处理事件。

Kappa 架构的主要优点有：

①简单的管道。Kappa 架构使用单个数据处理系统来处理批处理和流处理工作负载，与 Lambda 架构相比设置和维护更简单。

②支持历史数据的高吞吐量大数据处理。虽然 Kappa 架构不是为这些问题而设计的，但该架构仍可以完美地支持应用，直接从流处理作业实现重新处理。

③易于迁移和重组。由于只有流处理管道，因此可以使用从规范数据存储创建的新数据流执行迁移和重组。

④分层存储。分层存储是一种根据数据的访问模式和性能要求将数据存储在不同存储层中的方法。分层存储背后的理念是通过在最合适的存储层上存储不同类型的数据来优化存储成本和性能。在 Kappa 体系结构中，分层存储不是核心概念，但是可以将分层存储与 Kappa 体系结构结合使用，作为优化存储成本和性能的一种方式。例如，企业可以选择将历史数据存储在成本较低的容错分布式存储层（如对象存储）中，而将实时数据存储在性能更高的存储层（如分布式缓存或 NoSQL 数据库）中。Kappa 架构使分层存储成为一种经济高效且具有弹性的数据处理技术，无须数据湖技术。

Kappa 架构的缺点有：

①复杂性。虽然 Kappa 架构比 Lambda 简单，但设置和维护起来仍然很复杂，特别是对于不熟悉流处理框架的企业。

②具有可伸缩性问题的昂贵基础架构。在事件流平台中存储大数据的成本可能很高。为了使其更具成本效益，用户可能需要使用云提供商的数据湖方法，以 Apache Kafka 作为流层和对象存储，以实现长期数据存储（图 5 - 6）。

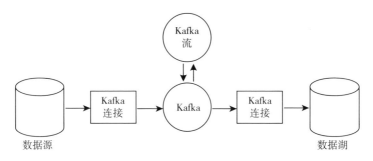

图 5 - 6　基于 Kafka for Kappa 方法的流体系结构

（3）Kappa 架构使用场景

Kappa 架构是一种数据处理架构，旨在提供灵活、容错和可扩展的架构，用于实时处理大量数据。它非常适合各种数据处理工作负载，包括连续数据管道、实时数据处理、机器学习模型和实时数据分析、IoT 系统以及具有单个技术堆栈的许多其他用例。

5.1.1.3　Lambda 和 Kappa 架构的比较

这两种体系结构都旨在提供可扩展、容错和低延迟的系统来处理数据，但它们在底层设计和数据处理方法方面有所不同。

（1）数据处理系统

Lambda 架构使用两个独立的数据处理系统来处理不同类型的数据处理工作负载：批处理系统和实时处理系统。而 Kappa 架构使用单个流处理引擎来处理完整的数据处理。在 Lambda 架构中，程序员需要学习和维护两个处理框架，并需支持任何日常代码更改，这种分离可能会导致实时处理与批处理的不同结果，进而可能会导致进一步的业务问题。Kappa 架构使用相同的代码实时处理数据，无须额外工作来维护单独的代码库来进行处理，这使其成为更高效、更防错的数据处理系统。

（2）数据存储

Lambda 架构具有单独的长期数据存储层，用于存储历史数据并执行复杂的聚合。Kappa 架构没有单独的长期数据存储层，所有数据都由流处理系统处理和存储。

（3）复杂性

与 Kappa 架构相比，Lambda 架构的设置和维护通常更复杂，因为它需要两个独立的数据处理系统和持续地维护，以确保批处理和实时处理系统正确高效地工作。Kappa 架构通常更简单，因为它使用单个数据处理系统来处理所有数据处理工作负载。但是，Kappa 架构需要转换思维方式，将所有数据视为流，这需要程序员在流处理和分布式系统方面拥有丰富的经验。

5.1.2　本研究大数据平台架构设计方案

本研究结合了 Lambda 和 Kappa 的优势，尽量避免二者缺点，采用如图 5-7 所示的大数据平台架构设计方案。该架构分为五个层：数据采集层、基础平台层、数据存储层、计算层和应用层。

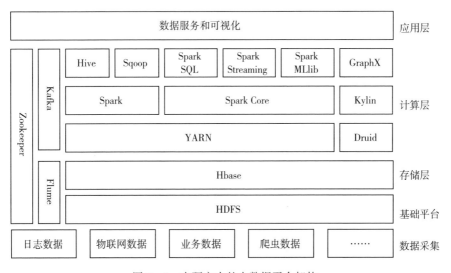

图 5-7　本研究中的大数据平台架构

5.2 数据采集

5.2.1 数据来源

从数据产生的角度看，乡村振兴大数据主要有三种来源：

（1）对现实世界的测量数据

对现实世界的测量数据是通过感知设备获得数据，包括机器产生的海量数据，如应用服务器日志、传感器数据（温度、湿度、二氧化碳、光照、能源使用等）、科学仪器产生的数据（如对农产品的药品残留进行化验等）、摄像头监控数据、RFID 和二维码扫描数据等。数据形势包含结构化、半结构化和非结构化。根据产生数据的机器的特点，这些数据的明显特点在于：数据规模极大、数据更新速度极快，另外由于设备不稳定等因素，数据质量参差不齐，数据价值密度较低。

（2）人类记录的数据

这类数据是外部信息通过人类大脑的识别和思考，由人类进行加工处理，变成计算机可以识别的信息，由人录入计算机形成的数据。这类数据包括：

①由人类以文本形式记录下来的数据，包括在电脑上的各类文档、图片或视频等，这些数据一般都是非结构化数据，数据规模小，数据增长速度慢，单机存储易丢失，数据语义较为明确，数据价值较高。

②个人的对信息系统的使用记录，如微博、微信、在线商城交易、留言或评论等。这类数据对用户来说是生活的随意记录，是非结构化的，数据规模不大，数据增长速度慢。但是对于提供服务的公司来说，这些数据大部分是结构化的，并且由于用户数量众多，数据规模是极大的，数据增长速度是极快的。但是数据质量不确定，数据质量由数据分析的目的而定，数据价值密度较低。

③业务数据库中的数据或者供挖掘分析用的数据仓库中的数据，如各类农业企业或者政府部门在办理自己的各类业务时录入信息系统并由信息系统存入数据库中的数据。这类数据的特点是：结构化特征极为明显，模

式清晰，数据规模通常不大，数据增长速度不快；有专门的管理维护人员（DBA 或 IT 系统管理员、数据开发人员等）进行维护，数据质量较高，数据语义明确，数据价值密度高。

（3）计算机产生的数据

计算机通过对现实世界的模拟等应用仿真程序产生的数据，如通过计算机模拟大气运动、天气变化、土地利用变化、农作物成长等信息。这类数据的特点是：数据规模和更新速度可控、数据模式固定、数据质量很高、数据语义明确。这类数据的数据价值由模拟仿真模型确定，模型精度高，则数据价值高。

5.2.2 数据采集

数据采集是从真实世界中获得原始数据的过程。数据采集的方式则根据数据来源不同而定，但总体上可以分为两大类：

①基于拉的方法。数据由数据采集方采用技术手段从数据产生方主动获取。

②基于推的方法。数据由数据产生方向数据采集方主动推送。

对于乡村振兴大数据来说，其各类数据的采集方式主要有物联网数据采集、数据库数据采集、网页数据采集、日志数据采集。

5.2.2.1 物联网数据采集

物联网设备包括传感器和农业智能装备等。传感器常用于测量物理环境变量，并将其转换为可读的数字信号以待处理，是采集物理世界信息的重要途径，在乡村建设中应用极为广泛，主要包括温光湿气等各类环境监测传感器、电气水等各类能源消耗传感器、视频监控等图像传感器等。农业智能装备将现代信息与通信技术、计算机网络技术、智能控制与检测技术及行业技术汇集于农业机械的生产和应用中，其最大特点为：智能农机的中央处理器芯片和传感器能够对应用环境进行检测分析，能对其他功能进行智能化控制，同时，可以与指挥系统或操作人员进行信息交互，主要包括农业耕种机械、动植物养殖种植和加工机械等智能设备。

物联网数据的采集方式一般采用推的方法，由设备不停地往外发送数据，这些数据或者以报文形式按照一定的频率进行数据上报，通过网络存储在数据库中或其他存储介质中；或者以按照设备自身的操作，不停地将数据写入一个或多个文件中，并定时将文件上传到某存储介质中。

因此，对于物联网数据的采集，可以定期读取物联网设备厂商自建的数据库，也可以读取其文件。但是在生产实践中，物联网数据采集存在的最大障碍是：各个物联网设备厂商制造设备时数据库对外是封闭的，只有各厂商自己才能读取，有的厂商可能会以 Web 服务的形式对外提供数据接口，但是各家厂商的数据接口标准也千差万别，并且存在权限问题，这就造成了一个获取物联网数据的一个困境，即对于乡村振兴大数据来说，涉及的物联网设备厂商众多，数据接口多种多样，以厂商确定的方式获取数据是不可行的，因此应当采用标准化的方式，对其数据接口的规格按照物联网设备的类别进行标准化，以 IP 地址的形式识别权限。这样才能打通各个物联网设备厂商的"孤岛"，真正利用好这些极具价值的数据。

5.2.2.2　数据库数据采集

因为数据库有统一的操作语言，数据库引擎的类别也不多，因此数据库的数据采集较为方便。数据库采集分为离线数据采集和实时数据采集，针对这两种数据采集方式使用不同的数据采集工具。

（1）离线数据采集工具 DataX

DataX 是一个异构数据源离线同步工具，致力于实现关系型数据库（MySQL、Oracle 等）、HDFS、Hive、ODPS、HBase、FTP 等各种异构数据源之间稳定高效的数据同步功能。

为了解决异构数据源同步问题，DataX 将复杂的网状同步链路变成了星型数据链路（图 5-8），DataX 作为中间传输载体负责连接各种数据源。当需要接入一个新的数据源的时候，只需要将此数据源对接到 DataX，便能跟已有的数据源做到无缝数据同步。

DataX 在阿里巴巴集团内被广泛使用，承担了所有大数据的离线同步

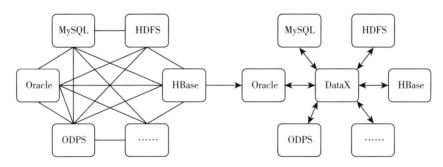

图 5-8 网状同步链路与星型数据链路

业务，并已持续稳定运行了许多年。目前，阿里云开源全新版本为 DataX3.0，拥有更多更强大的功能和更好的使用体验。

①DataX3.0 框架设计。DataX 本身作为离线数据同步框架，采用 Framework＋plugin 架构构建（图 5-9）。将数据源读取和写入抽象成为 Reader/Writer 插件，纳入到整个同步框架中。

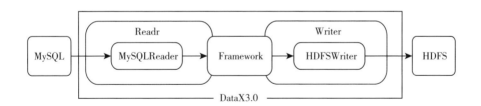

图 5-9 DataX3.0 框架

- Reader。Reader 为数据采集模块，负责采集数据源的数据，将数据发送给 Framework。
- Writer。Writer 为数据写入模块，负责不断向 Framework 取数据，并将数据写入到目的端。
- Framework。Framework 用于连接 Reader 和 Writer，作为两者的数据传输通道，并处理缓冲、流控、并发和数据转换等核心技术问题。

②DataX3.0 插件体系。经过几年积累，DataX 目前已经有了比较全面的插件体系，主流的 RDBMS 数据库、NOSQL、大数据计算系统都已经接入。DataX 目前支持数据源见表 5-1 所示。

表 5 - 1　DataX 目前支持的数据源

类型	数据源	Reader（读）	Writer（写）	文档
RDBMS 关系型数据库	MySQL	√	√	读、写
	Oracle	√	√	读、写
	OceanBase	√	√	读、写
	SQLServer	√	√	读、写
	PostgreSQL	√	√	读、写
	DRDS	√	√	读、写
	达梦	√	√	读、写
	通用 RDBMS（支持所有关系型数据库）	√	√	读、写
阿里云 数仓数据存储	ODPS	√	√	读、写
	ADS		√	写
	OSS	√	√	读、写
	OCS	√	√	读、写
NoSQL 数据存储	OTS	√	√	读、写
	Hbase0.94	√	√	读、写
	Hbase1.1	√	√	读、写
	MongoDB	√	√	读、写
	Hive	√	√	读、写
无结构化 数据存储	TxtFile	√	√	读、写
	FTP	√	√	读、写
	HDFS	√	√	读、写
	Elasticsearch	—	√	写

DataX Framework 提供了简单的接口与插件交互，提供简单的插件接入机制，只需要任意加上一种插件，就能无缝对接其他数据源。

③DataX3.0 核心架构。DataX3.0 开源版本支持单机多线程模式（图 5 - 10）完成同步作业运行，本小节按一个 DataX 作业生命周期的时序图，从整体架构设计上简要说明 DataX 各个模块的相互关系。

• DataX 完成单个数据同步的作业，称之为 Job，DataX 接受一个 Job 之后，将启动一个进程来完成整个作业同步过程。DataX Job 模块是

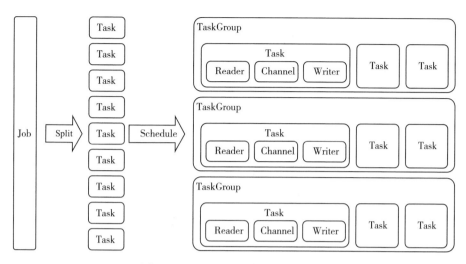

图 5-10　DataX3.0 单机多线程模式

单个作业的中枢管理节点，承担了数据清理、子任务切分（将单一作业计算转化为多个子 Task）、TaskGroup 管理等功能。

•DataXJob 启动后，会根据不同的源端切分策略，将 Job 切分成多个小的 Task（子任务），以便并发执行。Task 是 DataX 作业的最小单元，每一个 Task 都会负责一部分数据的同步工作。

•切分多个 Task 之后，DataX Job 会调用 Scheduler 模块，根据配置的并发数据量，将拆分成的 Task 重新组合，组装成 TaskGroup（任务组）。每一个 TaskGroup 负责以一定的并发运行完毕分配好的所有 Task，默认单个任务组的并发数量为 5。

•每一个 Task 都由 TaskGroup 负责启动，Task 启动后，会固定启动 Reader→Channel→Writer 的线程来完成任务同步工作。

•DataX 作业运行起来之后，Job 监控并等待多个 TaskGroup 模块任务完成。所有 TaskGroup 任务完成后，Job 成功退出；否则，异常退出，进程退出值非 0。

④DataX3.0 六大核心优势。

•可靠的数据质量监控。一是完美解决数据传输个别类型失真问题。DataX 旧版对于部分数据类型（如时间戳）的传输一直存在毫秒阶段等数据失真情况，新版本 DataX3.0 已能做到支持所有的强数据类型，每一种插件都有自己的数据类型转换策略，让数据可以完整无损地传输到目的端。二是提供作业全链路的流量、数据量运行监控。DataX3.0 运行过程中可以将作业本身状态、数据流量、数据速度、执行进度等信息进行全面展示，让用户可以实时了解作业状态。并可在作业执行过程中智能判断源端和目的端的速度对比情况，给予用户更多性能排查信息。三是提供脏数据探测。在大量数据的传输过程中，必定会由于各种原因导致很多数据传输报错（如类型转换错误），这种数据 DataX 会认定为脏数据。DataX 目前可以实现脏数据精确过滤、识别、采集、展示，为用户提供多种脏数据处理模式，让用户准确把控数据质量大关。

• 丰富的数据转换功能。DataX 作为一个服务于大数据的 ETL 工具，除了提供数据快照搬迁功能之外，还提供了丰富的数据转换功能，让数据在传输过程中可以轻松完成数据脱敏、补全、过滤等数据转换，另外还提供了自动 groovy 函数，让用户自定义转换函数。

• 精准的速度控制。DataX3.0 提供了通道（并发）、记录流、字节流三种流控模式，可以随意控制用户的作业速度，让作业在库可以承受的范围内达到最佳的同步速度。

• 强劲的同步性能。DataX3.0 每一种插件都有一种或多种切分策略，都能将作业合理切分成多个 Task 并行执行，单机多线程执行模型可以让 DataX 速度随并发成线性增长。在源端和目的端性能都足够的情况下，单个作业一定可以打满网卡。另外，DataX 团队对所有的已经接入的插件都做了极致的性能优化，并且做了完整的性能测试。

• 健壮的容错机制。DataX 作业极易受外部因素的干扰，网络闪断、数据源不稳定等因素很容易让同步到一半的作业报错停止。因此，稳定性是 DataX 的基本要求。在 DataX3.0 的设计中，重点完善了框架和插件的稳定性。目前，DataX3.0 可以做到线程级别、进程级别、作业级别多层次局部/全局的重试，保证用户的作业稳定运行。

• 极简的使用体验。一方面是易用，下载即可用，支持 Linux 和 Windows，只需要短短几步骤就可以完成数据的传输。另一方面是详细，

DataX 在运行日志中打印了大量信息，其中包括传输速度，Reader、Writer 性能，进程 CPU，JVM 和 GC 情况等等。

（2）实时数据采集工具 Canal

Canal 的主要用途是基于 MySQL 数据库增量日志解析，提供增量数据订阅和消费。早期阿里巴巴因为杭州和美国双机房部署，存在跨机房同步的业务需求，实现方式主要是基于业务 trigger 获取增量变更。从 2010 年开始，业务同步逐步尝试采用数据库日志解析获取增量变更进行同步，由此衍生出了大量的数据库增量订阅和消费业务。

基于日志增量订阅和消费的业务包括数据库镜像、数据库实时备份、索引构建和实时维护（拆分异构索引、倒排索引等）、业务 cache 刷新、带业务逻辑的增量数据处理等。当前的 Canal 支持源端的 MySQL 版本包括 5.1.x、5.5.x、5.6.x、5.7.x、8.0.x 等。

如图 5-11 所示，MySQL 主备复制原理是：

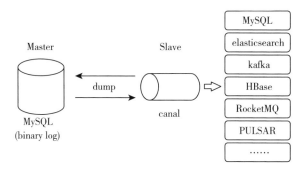

图 5-11　Canal 工作原理

- MySQL master 将数据变更写入二进制日志（binary log，其中记录叫作二进制日志事件 binary log events，可以通过 show binlog events 进行查看）。
- MySQL slave 将 master 的 binary log events 拷贝到它的中继日志（relay log）中。
- MySQL slave 重放 relay log 中事件，将数据变更反映它自己的数据。

Canal 的工作原理是：

- Canal 模拟 MySQL slave 的交互协议，伪装自己为 MySQL slave，

向 MySQL master 发送 dump 协议。

• MySQL master 收到 dump 请求，开始推送 binary log 给 slave（即 Canal）。

• Canal 解析 binary log 对象（原始为 byte 流）。

5.2.2.3 网页数据采集

网页数据采集是指从互联网上采集数据，其采集工具被称为网络爬虫。网络爬虫是指为搜索引擎下载并存储网页的程序。爬虫按顺序访问定义的一组网页，并为所有网页链接分配一个优先级。爬虫按照优先级下载网页，然后解析网页中所包含的 URLs，并添加这些新的 URLs 到队列中，这个过程一直重复，直到爬虫程序停止。

常用的网络爬虫工具开源免费的有 Web Scraper、Nutch、Webmagic 等。

5.2.2.4 日志数据采集

日志数据通常使用 Flume，Flume 是一种分布式、可靠而且很方便的日志采集工具，它可以高效地收集、聚合和移动大量日志数据。它具有基于流的、简单的、灵活的数据流架构。它具有健壮性和容错性的特点，具有负载均衡机制和故障转移机制。它使用了一个简单的可扩展数据模型，允许在线分析应用程序。

如图 5-12 所示，Flume 定义的一个数据流传输的最小单元是事件（Event），Agent 就是一个 Flume 的实例，本质是一个 JVM 进程，该 JVM 进程控制 Event 数据流从外部日志生产者那里传输到目的地（或者是下一个 Agent）。一个 Agent 中包含三个必需的组件 Source、Channel 和 Sink。其中，Source 是数据的来源和方式，Channel 是一个数据的缓冲池，用来临时存储数据，Sink 定义了数据输出的方式和目的地，Event 从 Source 流向 Channel 再到 Sink。

外部的 Web 服务器把有特定格式的 Event 传递给 Source，Source 接收或主动收集这些 Event。例如，Avro Source 可从 Avro 客户端（或其他 FlumeSink）接收 Avro Event。用 Thrift Source 也可以实现类似的流程，接收的 Event 数据可以是任何语言编写的，只要符合 Thrift 协议即可。

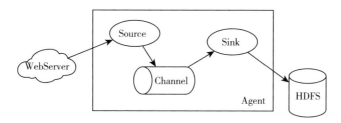

图 5-12　Flume 数据采集

当 Source 接收 Event 时，它将其存储到一个或多个 Channel 里。该 Channel 是一个被动存储器（或者说叫存储池），用来存储 Event，直到它被 Sink 消耗掉。FileChannel 是其中一种类型的 Channel，它用本地文件系统作为后备存储器。Sink 从 Channel 中移除 Event 并将其存储到指定的外部存储库（如 HDFS，通过 Flume 的 HDFSEventSink 实现）或将其转发到流中下一个 Agent 的 Source。给定 Agent 中的 Source 和 Sink 与 Channel 存取 Event 是异步的。

组件 Source 常见的数据源有：

①Exec Source。用于文件监控，可以实时监控文件中的新增内容。

②NetCat TCP/UDP Source。采集指定端口的数据，如 TCP、UDP 等，可以读取流经端口的每一行数据。

③Spooling Directory Source。采集文件夹中新增的文件。

④Kafka Source。从 Kafka 消息队列中采集数据。

Channel 支持的常见类型有：

①Memory Channel。使用内存作为数据的存储介质，效率较高，但是可能会丢失数据，对内存有较大要求。

②File Channel。用文件夹作为数据的存储介质，数据不易丢失，但是效率相对较低。

③Spillable Memory Channel。使用内存和文件作为数据存储介质，先把数据存到内存里，等内存容量达到一定阈值，就把数据存到文件中，解决了内存不够的问题，但是仍然存在数据可能丢失的问题。

Sink 常见的表现形式：

①Logger Sink。用数据作为日志处理，可以选择将其打印到控制台或写入到文件中，适用于测试时验证效果。

②HDFS Sink。将数据传输到 HDFS 中，主要针对离线计算场景。

③Kafka Sink。将数据传输到 Kafka 消息队列中，主要针对实时计算场景。

5.2.2.5　消息队列中间件 Kafka

Kafka 是一个高吞吐量、持久性的分布式发布/订阅消息系统，最适合于大数据应用场景，特别是实时数据计算领域。利用 Flume 实时采集日志文件中的新增数据，然后将其存储到 Kafka 中，最后由 Kafka 对接实时计算程序。

事件是 Kafka 的一个重要概念，记录了世界或业务活动中"发生了某些事情"的事实，在文档中也被称为记录或消息。当用户向 Kafka 读取或写入数据时，实际是以事件的形式执行这个操作。从概念上讲，事件具有键、值、时间戳等元数据属性。

从技术上讲，事件流是一系列的实践活动，如实时从数据库、传感器、移动设备、云服务和软件应用程序等事件源中捕获数据，持久地存储这些事件流以供之后的检索，实时地、回顾性地操纵、处理和响应事件流，以及根据需要将事件流路由到不同的目的地技术。因此，事件流确保了数据的连续流动和解释，从而使正确的信息在正确的时间、正确的地点出现。

Kafka 有三个关键功能：

①发布（写入）和订阅（读取）事件流，包括连续导入/导出来自其他系统的数据。

②根据需要持久可靠地存储事件流。

③在事件发生时或回顾性地处理事件流。

所有这些功能都是以分布式、高度可扩展、弹性、容错和安全的方式进行。Kafka 可以部署在裸机硬件、虚拟机和容器上，也可以部署在本地或云中。

Kafka 也是一个由服务器和客户端组成的分布式系统，通过高性能

TCP 网络协议进行通信。

①服务器端。Kafka 可以作为一个或多个服务器的群集运行，这些服务器可以跨越多个数据中心或云区域。其中一些服务器形成了存储层，称为代理。其他服务器运行 Kafka Connect 以持续导入和导出数据作为事件流，用于将 Kafka 与用户现有的系统（如关系数据库）及其他 Kafka 集群进行集成。由于 Kafka 具有高度可扩展性和容错性，所以如果有任何服务器发生故障，其他服务器将接管其工作以确保连续操作，不会造成任何数据丢失。

②客户端。允许用户编写分布式应用程序和微服务，即使在存在网络问题或机器故障的情况下，也可以以并行、大规模和容错的方式读取、写入和处理事件流。Kafka 附带了一些这样的客户端，Kafka 社区提供数十种编程语言的客户端扩展：Java、包含更高级别 Kafka Streams 库的 Scala、Go、Python、C/C++ 和许多其他编程语言以及 REST API 等。

事件生产者是向 Kafka 发布（写入）事件的客户端应用程序，事件使用者是订阅（读取和处理）这些事件的客户端应用程序。在 Kafka 中，生产者和使用者是完全解耦的，这是实现 Kafka 高可扩展性的关键设计元素。

除事件还有一个概念：主题，类似文件系统中的文件夹。事件被组织并持久存储在主题中，成为该文件夹中的文件。Kafka 中的主题始终是多生产者和多订阅者：一个主题可以有零个、一个或多个向其写入事件的生产者，也可以有零个、一个或多个订阅这些事件的使用者。主题中的事件可以根据需要随时读取，这与传统消息传递系统不同，事件在使用后不会被删除。相反，用户可以通过每个主题的配置设置来定义 Kafka 保留事件的时间，之后将丢弃旧事件。Kafka 的性能在数据大小方面实际上是恒定的，因此长时间存储数据是完全可以的。

主题是分区的，这意味着主题分布在不同的 Kafka 代理上的许多分区上。数据的这种分布式放置对于可伸缩性非常重要，因为它允许客户端应用程序同时从多个代理读取和写入数据。将新事件发布到主题时，它实际上会追加到主题的分区之一。具有相同事件键的事件被写入同一分区，

Kafka 保证给定主题分区的任何使用者将始终以与写入完全相同的顺序读取该分区的事件。

如图 5 - 13 所示，此示例主题有四个分区 P1～P4。两个彼此独立、不同的生产者客户端正在发布事件，通过网络将事件写入主题的新事件分区。具有相同键的事件（在图中由其灰度表示）将写入相同的键分区。如果合适，两个生产者都可以写入同一分区。

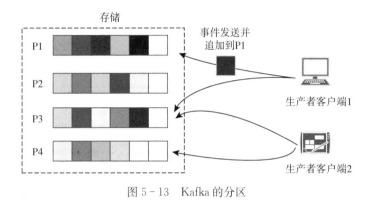

图 5 - 13　Kafka 的分区

为了使数据具有容错能力和高可用性，可以复制每个主题，甚至可以跨地理区域或数据中心进行复制，以便始终有多个代理具有数据副本，以防出现问题。用户常见的生产设置是将副本数量设置为 3，即始终存在数据的 3 个副本。

5.3　数据存储

5.3.1　分布式文件存储 HDFS

Hadoop 分布式文件系统（HDFS）是一个分布式文件系统，最初是作为基础设施而构建的 Apache Nutch 网络搜索引擎项目，现在是 Apache Hadoop 的子项目，源于 Google 在 2003 年 10 月份发表的论文 The Google File System（GFS），HDFS 实际上是 GFS 的一个开源简化版本。HDFS 是 Hadoop 项目的核心组件，主要用于海量数据存储。HDFS 具有高度容错性，可以部署在低成本硬件上，提供对应用程序数据的高吞吐量访问，适用于具有大型数据集的应用程序。

（1）HDFS 的目标

①从硬件故障中快速恢复。硬件故障是常态而不是例外。HDFS 实际可能由数百或数千台服务器组成，每个存储文件系统数据的一部分，含有大量的组件，并且每个组件都有较高的故障概率，这就意味着 HDFS 的某些组件始终不起作用。因此，迅速进行故障检测并且自动恢复是 HDFS 的核心架构目标。

②访问流数据。在 HDFS 上运行的应用程序需要对其数据集进行流式访问。它们不是通常运行在通用文件系统上的通用应用程序，HDFS 的设计更多地用于批处理，而不是用户的交互式使用，它关注的重点是数据访问的高吞吐量而不是数据访问的低延迟。

③容纳大数据集。在 HDFS 上运行的应用程序具有大型数据集。HDFS 中的典型文件大小为 GB 到 TB。因此，HDFS 被调整为支持大文件，它应提供高聚合数据带宽，并扩展到单个群集中的数百个节点，应该支持单个实例中的数千万个文件。

④简单一致性模型。HDFS 应用程序需要对文件进行一次写入多次读取的访问模型。文件一旦创建、写入和关闭，就不需要更改。此假设简化了数据一致性问题，并实现了高吞吐量数据访问。MapReduce 应用程序或网络爬虫应用程序与此模型完全适配。

⑤计算移动到数据所在的位置。如果应用程序请求的计算在其操作的数据附近执行，则效率会高得多，尤其是当数据集的大小很大时。这样可以最大程度地减少网络拥塞并提高系统的整体吞吐量，因此最好将计算移动到更靠近数据所在的位置，而不是将数据移动到计算所在的位置。HDFS 为应用程序提供了接口，使自己更接近数据所在的位置。

⑥跨异构硬件和软件平台的可移植性。HDFS 被设计为可以轻松地从一个平台移植到另一个平台。这促进了 HDFS 的广泛应用，成为大型应用程序的首选平台。

（2）HDFS 的架构

HDFS 具有主/从架构（图 5-14）。HDFS 集群由一个 NameNode（管

理文件的主服务器）和多个 DataNode 组成。NameNode 是一个主服务器，负责管理文件系统的命名空间（namespace）并规范客户端对文件的访问；DataNode 通常分布在集群中每个节点上，用于管理连接到运行节点的存储。HDFS 公开了一个文件系统命名空间，并允许用户数据存储在文件中。从内部看，被存储的文件实际是被拆分为一个或多个块，这些块存储在一组 DataNode 中。NameNode 执行文件系统命名空间操作，如打开、关闭和重命名文件和目录。它还确定块到 DataNode 的映射。DataNode 负责为来自文件系统客户端的读写请求提供服务，还根据 NameNode 的指令执行块创建、删除和复制。集群中单个 NameNode 的存在极大地简化了 HDFS 的体系结构。在程序和用户看来，通过网络访问对文件进行存储和读取跟在本地磁盘的操作类似。NameNode 是仲裁者和所有 HDFS 元数据的存储库，用户数据永远不会流经 NameNode，只存储在 DataNode 上。

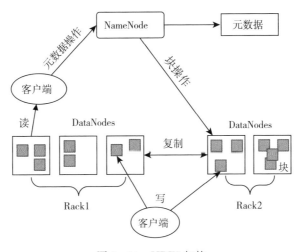

图 5-14 HDFS 架构

这里提到的命名空间是 HDFS 支持的层次型文件组织结构。用户或者应用程序可以创建目录，然后将文件保存在这些目录里。文件系统命名空间的层次结构和大多数现有的文件系统类似：用户可以创建、删除、移动或重命名文件。当前，HDFS 不支持用户磁盘配额和访问权限控制，也不支持硬链接和软链接。但是 HDFS 架构并不妨碍实现这些特性。

NameNode 和 DataNode 被设计成可以用于一般的商用计算机上，这些计算机通常运行 GNU 或 Linux 操作系统（OS）。HDFS 是使用高度可移植的 Java 语言构建的，因此任何支持 Java 的机器都可以部署 NameNode 或 DataNode。一个典型的部署场景是一台机器上仅运行一个 NameNode 实例，而群集中的其他机器分别运行一个 DataNode 实例。架构不排除在同一台计算机上运行多个 DataNode，但在实际部署中很少出现这种情况。

但是，HDFS 也有一些不适合的使用场景，例如，不适合低延时的数据访问，数据延时较高，无法支持"毫秒"级别的数据存储；不适合小文件存储，HDFS 的 NameNode 的内存空间是有限的，每个块只有 150 字节的内存空间，每个文件对应的一个块都对应 150 字节，如果存储了大量的小文件，那么对于 HDFS 来说是毫无意义的，HDFS 只适合存储大文件；不支持文件的并发写入和随机修改，一个文件只能有一个线程执行写操作，只支持对文件进行追加操作，不支持随机修改操作。

5.3.2　NoSQL 数据库 HBase

HBase 是 Hadoop Database 的简称，源于 Google 在 2006 年 12 月发表的论文"A Distributed Storage System for Structure Data"。HBase 第一个版本于 2007 年发布，后来成为 Hadoop 的子项目，2010 年成为 Apache 的顶级项目。HBase 目前在企业中得到了非常广泛的应用，它是一种 NoSQL 数据库，NoSQL 是一个通用术语，意思是数据库是不支持 SQL 作为主要访问语言的 RDBMS。HBase 是一个分布式数据库，从技术上讲，HBase 更像是"数据存储"，而不是"数据库"，因为它缺乏 RDBMS 中的许多功能，如类型列、辅助索引、触发器和高级查询语言等。

（1）HBase 架构

HBase 由客户端、HMaster、HRegionServer、Zookeeper 组成（图 5-15）。用户使用客户端对数据进行操作，HMaster 对 HBase 的全局事务进行调度；HRegionServer 负责 HBase 的具体数据存取；Zookeeper 负责实时感知 HBase 的服务状态，保持服务与数据的一致性。

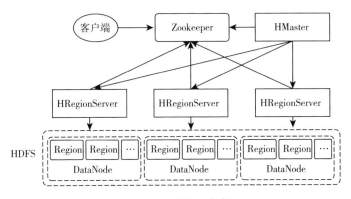

图 5 - 15　HBase 架构

客户端实现用户和 HBase 的交互。客户端向 HBase 发起连接，通过借助 Zookeeper 或直接访问 HMaster 去检索要访问的表数据具体位于哪一个 HRegionServer 节点。找到后，向该 HRegionServer 节点发起具体的数据存取请求。如果访问管理层面的信息，则直接从 HMaster 处获取。此信息会缓存在客户端中，以便后续请求无需再经过查找过程。如果主负载均衡器重新分配区域或由于区域服务器发生故障，客户端将重新查询目录表以确定用户区域的新位置。HBase 提供了多种接口来实现用户的访问请求，如 HBase Shell、API、Thrift、REST、Hive 等。

HMaster 是主服务器的实现，负责整个 HBase 的管理与调度。其作用具体有：负责监视群集中的所有 HRegionServer 实例，监测各个节点的状态，负责各节点的上线下线，实现节点之间的负载均衡；负责所有元数据和数据表的管理，包括表的定义、修改，表的增删改查等；负责管理 HRegion，每个表由一个或多个 HRegion 构成，每个 HRegionServer 负责管理一个或多个 HRegion，HMaster 负责全局管理与分配 HRegion 放置于哪一个 HRegionServer 中，对于超出规模的 HRegion 进行分割，同时还负责停止服务的 HRegionServer 中的 HRegion 向其他节点的迁移；负责全局安全策略；负责集群事务管理；负责与 Zookeeper 集群交互等。在分布式集群中，主节点通常在 NameNode 上运行。

HRegionServer 是区域服务器实现，它负责服务和管理区域，所有客户端对数据的操作都在 HRegionServer 上体现。其主要作用为：负责数据的存储，借助本地文件系统或 HDFS 进行表数据、日志和缓存等数据的存储组织与管理；负责 HRegion 的管理，包括其状态的维护、归并和迁移等；负责 WAL 管理，即日志信息的管理；负责 Metrices 的管理，对外提供内部服务状况的参数，如内存使用、服务状态、Compaction 和 blockCache 等；与客户端进行交互，承担数据的读取与写入工作；与 HMaster 节点交互，查询元数据、上报自身数据状态、按照 HMaster 调度接管失效的 HRegionServer 节点的数据与服务；与 Zookeeper 集群进行交互等。在分布式集群中，区域服务器在 DataNode 上运行。

Zookeeper 是分布式应用程序的协调服务，用于为分布式应用程序提供一致性服务，是 HBase 的重要支撑。它在 HBase 中的作用是：负责存放 HBase 中的元数据与集群状态；负责协调 HMaster 节点的主从切换，当检测到主 HMaster 节点宕机时，会通知备用 HMaster 节点进行接管，并知会所有 HRegionServer 节点；负责协调所有 HRegionServer 节点的上线与下线，当检测到新的 HRegionServer 节点加入后，通知 HMaster 进行添加，当检测到 HRegionServer 节点下线时，会通知 HMaster 并协同其他 HRegionServer 节点对宕机的 HRegionServer 节点的 HRegion 集合进行接管；负责向客户端提供 RPC 服务端口。

（2）HBase 数据模型

如图 5 - 16 所示，HBase 由表（Table）、行（Row）、行键（RowKey）、列簇（Column Family）、列（Column）、版本（Version）和时间戳（Timestamp）等组成。

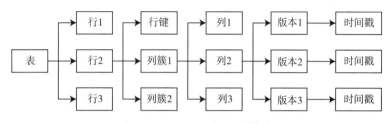

图 5 - 16　HBase 的数据模型

表：HBase 的存储形式，每个表由多行组成。

行与行键（RowKey）：HBase 是基于列存储的，即〈key，value〉机

制。HBase 中的行由一个行键和一个或多个与它们相关联的值的列组成。行在存储时按行键的字母顺序排列。每个行键是一个字符串，以数组的形式存储，以英文字典序的形式排序，长度最大不能超过 64KB。访问 HBase 表中的记录时，只能通过查询行键的方法去获取。在 HBase 中，提供了三种访问方法：单行访问，即通过查询单个行键值进行访问；区间访问，即通过设定行键值区间进行访问；全表访问，即通过对全表做扫描进行访问。

列簇与列：HBase 表中的每个列，都归属于某个列簇，列簇由一个或多个列组成。列簇是表的 Schema 的一部分（列不是），即建表时至少指定一个列簇。HBase 的访问控制、数据存储是基于列簇这个基础的，不同列簇可能是分布在不同的物理机器上，因此，要提高访问性能，需要将关联性比较高的列放在同一列簇里。此外，在同一列簇里的不同的行，可以存在不同的列，列簇里的列可以无须声明直接使用。

版本和时间戳：时间戳是精确到毫秒的一个 64 位整型数，在 HBase 写入数据时由系统自动填充，也可以由用户显式赋值。对一个具体的行、列，每次提交的数据与时间戳构成一次数据版本，每个行的每一列都可以存储多个数据版本，不同数据版本之间通过时间戳进行排序，最近的排在最前面，用户访问某一行某一列时，默认会返回最新提交的内容，而通过行键、列、版本可以访问某一行、某一列指定时间的数据。

5.3.3 内存数据库 Redis

Redis 是一个开源（BSD 许可）内存数据结构存储，用作数据库、缓存、消息代理和流引擎。Redis 提供数据结构，如字符串、哈希、列表、集、带有范围查询的排序集、位图、超日志日志、地理空间索引和流。Redis 具有内置复制、Lua 脚本、LRU 逐出、事务和不同级别的磁盘持久性，并通过 Redis Sentinel 和 Redis 集群的自动分区提供高可用性。

Redis 支持单机、主从、哨兵、集群多种架构模式。

（1）单机模式

单机模式（图 5 - 17）顾名思义就是安装一个 Redis，启动起来，业务调用即可。如一些简单的应用，并非必须保证高可用的情况下即可以使用该模式。

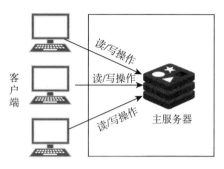

图 5-17　Redis 单机模式

单机模式的优点在于：

①部署简单。

②成本低，无备用节点。

③高性能，单机不需要同步数据，数据天然一致性。

单机模式的缺点在于：

①可靠性保证不是很好，单节点有宕机的风险。

②单机高性能受限于 CPU 的处理能力，Redis 是单线程的。

单机 Redis 能够承载的 QPS（每秒查询速率）主要取决于业务操作的复杂性，如 Lua 脚本复杂性就极高，假如是简单的 key value 查询则性能就会很高。假设上千万、上亿用户同时访问 Redis，QPS 达到 10 万以上，则这些请求过来时，单机 Redis 便承受不住，此时可以通过主从复制模式解决该问题，实现系统的高并发。

（2）主从复制模式

如图 5-18 所示，Redis 的复制（replication）功能允许用户根据一个 Redis 服务器来创建任意多个该服务器的复制品，其中被复制的服务器为主服务器（Master），而通过复制创建出来的复制品则为从服务器 (Slave)。只要主从服务器之间的网络连接正常，主服务器就会将写入自己的数据同步更新给从服务器，从而保证主从服务器的数据相同。

数据的复制是单向的，只能由主节点到从节点，简单理解就是从节点

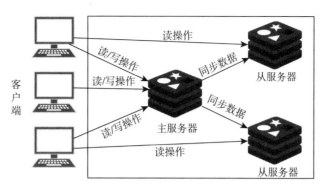

图 5-18　Redis 的主从复制模式

只支持读操作，不允许写操作。主从架构主要应用于读高并发的场景。主从模式需要考虑的问题是：当 Master 节点宕机，需要选举产生一个新的 Master 节点，从而保证服务的高可用性。

该模式的优点在于：

①Master/Slave 角色方便水平扩展，QPS 增加，增加 Slave 即可。

②降低 Master 读压力，转交给 Slave 节点。

③主节点宕机，从节点作为主节点的备份可以随时顶上继续提供服务。

该模式的缺点在于：

①可靠性保证不是很好，主节点故障便无法提供写入服务。

②没有解决主节点写的压力。

③数据冗余（为了高并发、高可用和高性能，一般是允许有冗余存在的）。

④一旦主节点宕机，从节点晋升成主节点，需要修改应用方的主节点地址，还需要命令所有从节点去复制新的主节点，整个过程需要人工干预。

⑤主节点的写能力受到单机的限制。

⑥主节点的存储能力受到单机的限制。

（3）哨兵模式

主从模式中，当主节点宕机之后，从节点是可以作为主节点顶上来继续提供服务的，但是需要修改应用方的主节点地址，还需要命令所有从节点去复制新的主节点，整个过程需要人工干预。

于是，在 Redis 2.8 版本开始，引入了哨兵（Sentinel）这个概念，在主从复制的基础上，哨兵实现了自动化故障恢复。如图 5 - 19 所示，哨兵模式由哨兵节点和数据节点两部分组成。

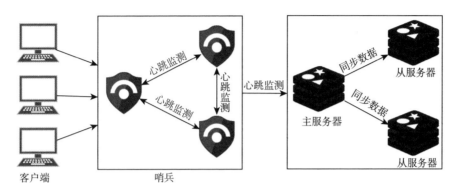

图 5 - 19　Redis 的哨兵模式

①哨兵节点。哨兵节点是特殊的 Redis 节点，不存储数据。

②数据节点。主节点和从节点都是数据节点。

Redis Sentinel 是分布式系统中监控 Redis 主从服务器，并提供主服务器下线时自动故障转移功能的模式。其中三个特性为：

①监控（Monitoring）。Sentinel 会不断地检查主服务器和从服务器是否运作正常。

②提醒（Notification）。当被监控的某个 Redis 服务器出现问题时，Sentinel 可以通过 API 向管理员或者其他应用程序发送通知。

③自动故障迁移（Automatic Failover）。当一个主服务器不能正常工作时，Sentinel 会开始一次自动故障迁移操作。

该模式的优点在于：

①哨兵模式是基于主从模式的，所有主从的优点，哨兵模式都有。

②主从可以自动切换，系统更健壮，可用性更高。

③Sentinel 会不断地检查主服务器和从服务器是否运作正常。当被监控的某个 Redis 服务器出现问题时，Sentinel 可以通过 API 向管理员或者其他应用程序发送通知。

该模式的缺点在于：

①主从切换需要时间，会丢失数据。

②没有解决主节点写的压力。

③主节点的写能力、存储能力受到单机的限制。

④动态扩容困难复杂，对于集群而言，容量达到上限时在线扩容会变得很复杂。

（4）集群模式

哨兵模式中，单个节点的写能力、存储能力受到单机的限制，动态扩容困难复杂。于是，Redis 3.0 版本正式推出 Redis Cluster 集群模式（图 5 - 20），有效地解决了 Redis 分布式方面的需求。Redis Cluster 集群模式具有高可用、可扩展性、分布式、容错等特性。

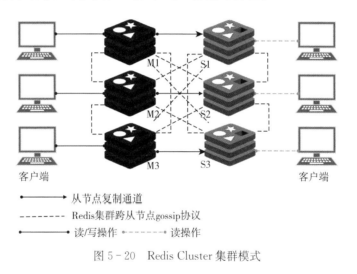

图 5 - 20　Redis Cluster 集群模式

Redis Cluster 采用无中心结构，每个节点都可以保存数据和整个集群状态，每个节点都和其他所有节点连接。Cluster 一般由多个节点组成，节点数量至少为 6 个才能保证组成完整高可用的集群，其中 3 个为主节点，3 个为从节点。3 个主节点会分配槽，处理客户端的命令请求，而从节点可用在主节点故障后，顶替主节点。除了主从节点之间进行数据复制外，所有节点之间采用 Gossip 协议进行通信，交换维护节点元数据信息。总结就是：读请求分配给 Slave 节点，写请求分配给 Master 节点，数据同步从 Master 到 Slave 节点。

集群模式的优点是：

①无中心架构。

②可扩展性，数据按照 Slot 存储分布在多个节点，节点间数据共享，节点可动态添加或删除，可动态调整数据分布。

③高可用性，部分节点不可用时，集群仍可用。通过增加 Slave 作备份数据副本。

④实现故障自动 Failover，节点之间通过 Gossip 协议交换状态信息，用投票机制完成 Slave 到 Master 的角色提升。

集群模式的缺点是：

①数据通过异步复制，无法保证数据强一致性。

②集群环境搭建复杂，不过基于 Docker 的搭建方案会相对简单。

5.4　数据计算

5.4.1　静态批量数据计算

静态批量数据计算，即离线计算，就是在计算开始前已知所有输入数据，输入数据不会产生变化，并且是在解决一个问题后就要立即得出结果的前提下进行的计算。在大数据中属于数据的计算部分，在该部分中与离线计算对应的则是实时计算。离线计算特点有：

①数据量巨大且保存时间长。

②在大量数据上进行复杂的批量运算。

③数据在计算之前已经完全到位，不会发生变化。

④能够方便地查询批量计算的结果。

静态批量数据计算引擎主要有 Hadoop MapReduce 和 Spark。

5.4.1.1　MapReduce

MapReduce 就是常说的 Hadoop MapReduce，它是一个批处理计算引擎。每个 MapReduce 任务都包含两个过程：Map 过程和 Reduce 过程。

MapReduce 的计算模型（图 5 - 21）包括 Map 和 Reduce 两个计算过程（中间用 Shuffle 串联）。在 Map 阶段，多台机器同时读取一个文件的各个部分，分别统计词频，产生多个 Map 集合；在 Reduce 阶段，接收所对应的 Map 集合结果，将相同键的集合汇总，进而得到整个文件的词频结果。由此导致了 MapReduce 的缺点，即每个 Map 阶段结束时，都需要将中间结果写到磁盘，Reduce 阶段继续从磁盘读取数据进行下一步的处理。这个过程会产生大量的数据 I/O，导致处理效率比较低。

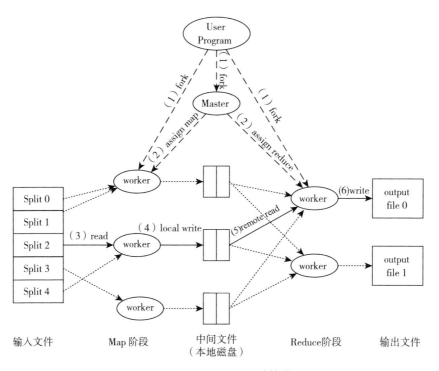

图 5-21　MapReduce 的计算模型

5.4.1.2　Spark

　　与 Hadoop MapReduce 不同的是，Spark 是基于内存的批处理计算引擎。Spark 及其组件已经形成了一个大数据生态，Spark 基于这个引擎，提供了很多的高级应用模块解决不同场景中的业务需求。如图 5-22 所示，Spark 分为 Spark Core、Spark SQL、Spark Streaming、GraphX 及 MLLib 等，Spark Core 为 Spark 的核心和基础，提供基本的批处理功能，其他的每个组件专注于不同的处理任务。

　　Spark Core：Spark Core 包含 Spark 的基本功能，如内存计算、任务

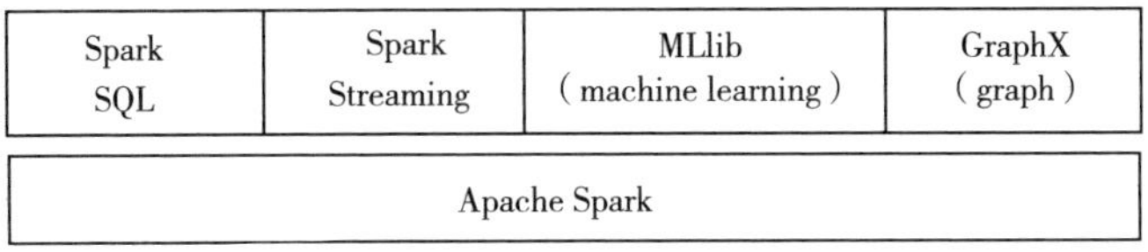

Spark SQL	Spark Streaming	MLlib（machine learning）	GraphX（graph）
Apache Spark			

图 5 - 22　Spark 的组件

调度、部署模式、故障恢复、存储管理等。Spark 建立在统一的抽象 RDD 之上，使其可以以基本一致的方式应对不同的大数据处理场景。通常所说的 Apache Spark，就是指 Spark Core。

Spark SQL：Spark SQL 允许开发人员直接处理 RDD，同时也可查询 Hive、HBase 等外部数据源。Spark SQL 的一个重要特点是其能够统一处理关系表和 RDD，使开发人员可以轻松地使用 SQL 命令进行查询，并进行更复杂的数据分析。

Spark Streaming：Spark Streaming 支持高吞吐量、可容错处理的实时流数据处理，其核心思路是将流式计算分解成一系列短小的批处理作业。Spark Streaming 支持多种数据输入源，如 Kafka、Flume 和 TCP 套接字等。

MLlib（机器学习）：MLlib 提供了常用机器学习算法的实现，包括聚类、分类、回归、协同过滤等，降低了机器学习的门槛，开发人员只要具备一定的理论知识就能进行机器学习的工作。

GraphX（图计算）：GraphX 是 Spark 中用于图计算的 API，可认为是 Pregel 在 Spark 上的重写及优化，Graphx 性能良好，拥有丰富的功能和运算符，能在海量数据中自如地运行复杂的图算法。

Spark 与 Hadoop 相比主要有且不限于以下几个优势：

①减少磁盘 I/O。Hadoop 的 Map 和 Reduce 过程每次处理都要涉及读写磁盘，Map 端的中间结果也要排序并写入磁盘，Reduce 从磁盘中进行读取。这样整个处理过程中磁盘 I/O 就成了处理瓶颈。Spark 允许将 Map 端的中间结果放入内存，Reduce 直接从内存中拉取数据，避免了大量的磁盘 I/O。

②提高并行度。MapReduce 的并行度是进程级别，Spark 是线程级别。

MapReduce 需要进行磁盘的 Map 写入，Reduce 读取，属于串行执行；Spark 把不同环节抽象为 Stage，允许多个 Stage 串行执行或并行执行。

③避免重复计算。Spark 通过 DAG（有向无环图）串起数据处理的各个 Stage 阶段，如果某个阶段发生故障或者数据丢失，可以利用血缘机制来回溯某个 RDD，从而减少数据的重新计算，提高效率。

从以上我们看到 Spark 对 Hadoop MR 存在的问题都进行了优化，从而提升了数据处理的效率。根据 Spark 官方提供的性能对比数据，Spark 性能比 Hadoop 高出 120 倍，所以本研究采用 Spark。

5.4.2 动态流式数据计算

Spark 的 Spark Streaming 和 Storm 是比较早的流计算框架，随着流计算技术的发展，Storm 逐渐被遗弃，Flink 作为流计算的黑马在业界得到了广泛应用。Spark Streaming 依靠 Spark 生态生存了下来。但是面对 Spark Streaming 对于 Flink 表现出的不足，从 Spark 2.3 开始，Structured Streaming 引入了低延迟的持续流处理模式，这时候已经不再采用批处理引擎，而是一种类似 Flink 机制的持续处理引擎，可以达到端到端最低 1 毫秒的延迟。

5.4.2.1 Storm

Storm 是 Twitter 开源的分布式实时大数据处理框架，被业界称为实时版 Hadoop。Apache Storm 从一端读取实时数据的原始流，将其传递通过一系列小处理单元，并在另一端输出处理/有用的信息。

在 Storm 中，需要先设计一个实时计算结构（图 5-23），也就是拓扑（Topology）。这个拓扑结构会被提交给集群，其中主节点（Master Node）负责给工作节点（Worker Node）分配代码，工作节点负责执行代码。在一个拓扑结构中，包含 Spout 和 Bolt 两种角色。数据在 Spouts 之间传递，这些 Spouts 将数据流以 Tuple 元组的形式发送，而 Bolt 则负责转换数据流。

Apache Storm 的核心概念有：

①Tuple。Tuple 是 Storm 中的主要数据结构，它是有序元素的列表，

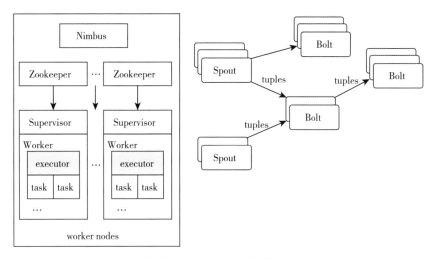

图 5 - 23　Storm 的计算结构

默认情况下，Tuple 支持所有数据类型。通常，它被建模为一组逗号分隔的值，并传递到 Storm 集群。

②Stream。流是元组的无序序列。

③Spouts。流的源。通常，Storm 从原始数据源（如 Twitter Streaming API、Apache Kafka 队列、Kestrel 队列等）接受输入数据，否则，用户可以编写 Spouts 以从数据源读取数据。"ISpout"是实现 Spouts 的核心接口，一些特定的接口是 IRichSpout、BaseRichSpout、KafkaSpout 等。

④Bolts。Bolts 是逻辑处理单元。Spouts 将数据传递到 Bolts，Bolts 进行处理，并产生新的输出流。Bolts 可以执行过滤、聚合、加入等与数据源和数据库交互的操作。Bolts 接收数据并发送到一个或多个 Bolts，"IBolt"是实现 Bolts 的核心接口，一些常见的接口是 IRichBolt、IBasicBolt 等。

5.4.2.2　Spark Streaming

Spark Streaming 属于 Spark 的一个组件，是基于批的流式计算框架（图 5 - 24），支持 Kafka、Flume 及简单的 TCP 套接字等多种数据输入源，输入流接收器（Reciever）负责接入数据。DStream 是 Spark Streaming 中的数据流抽象，它也可以被组织为 DStreamGraph。Dstream 本质上由一系列连续的 RDD 组成。

图 5 - 24　Spark Streaming 的数据流

Spark Streaming 即核心 Spark API 的扩展，不像 Storm 那样一次处理一个数据流。相反，它在处理数据流之前，会按照时间间隔对数据流进行分段切分（图 5 - 25）。Spark 针对连续数据流的抽象，被称为 DStream（Discretized Stream）。

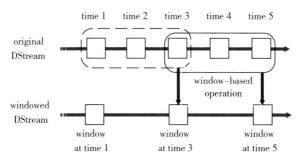

图 5 - 25　Spark Streaming 对数据流的分段

DStream 是小批处理的 RDD（弹性分布式数据集），RDD 则是分布式数据集，可以通过任意函数和滑动数据窗口（窗口计算）进行转换，实现并行操作，如图 5　26 所示。

图 5 - 26　Storm 的 RDD

5. 4. 2. 3　Flink

Flink 是一个面向数据流处理和批量数据处理的可分布式的开源计算框架（图 5 - 27），它基于同一个 Flink 流式执行模型（Streaming Execution Model），能够支持流处理和批处理两种应用类型。Apache Flink 支持有界和无界数据流处理（图 5 - 28）。有界数据流是有限的，具有定义的开始和结束；而无界数据流是无限的，没有定义的开始和结束，Flink 能够不断接收需要立即处理的新数据。

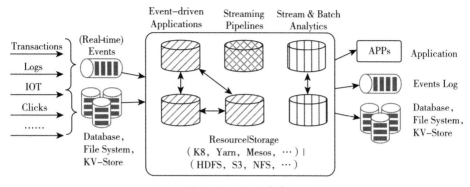

图 5 - 27　Flink 框架

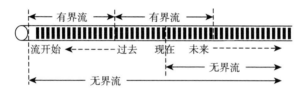

图 5 - 28　有界流和无界流为流处理提供了不同的用例

Flink 最核心的数据结构是 Stream（图 5 - 29），它代表一个运行在多分区上的并行流。

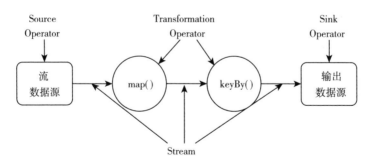

图 5 - 29　Sream 数据结构

在 Stream 上同样可以进行各种转换操作（Transformation）。与 Spark 的 RDD 不同的是，Stream 代表一个数据流而不是静态数据的集合。所以，它包含的数据是随着时间增长而变化的。而且 Stream 上的转换操作都是逐条进行的，即每当有新的数据进来，整个流程都会被执行并更新结果。这样的基本处理模式决定了 Flink 会比 Spark Streaming 有更低的流处理延迟性。当一个 Flink 程序被执行的时候，它会被映射为 Streaming Dataflow，图 5 - 29 就是一个 Streaming Dataflow。

Spark 2.0 引入了 Structured Streaming，将微批次处理从高级 API 中解耦出去。它简化了 API 的使用，API 不再负责进行微批次处理。开发者可以将流看成是一个没有边界的表，并基于这些"表"运行查询。Structured Streaming 的默认引擎基于微批处理引擎，并且可以达到最低 100ms 的延迟和数据处理的 exactly - once 保证。采用何种处理模式只需要进行简单的模式配置即可。

如图 5 - 30 所示，Structured Streaming 定义了无界表的概念，即每个流的数据源从逻辑上来说可以看作一个不断增长的动态表（无界表），从数据源不断流入的每个数据项可以看作新的一行数据追加到动态表中。用户可以通过静态结构化数据的批处理查询方式（SQL 查询），对数据进行实时查询。

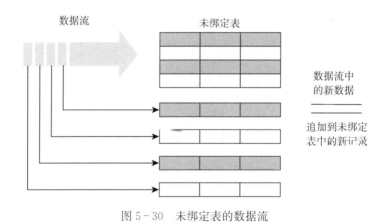

图 5 - 30　未绑定表的数据流

Structured Streaming 通过不同的触发模式来实现不同的延迟级别和一致性语义。主要提供了以下四种触发模式：

①单次触发。顾名思义就是只触发一次执行，类似 Flink 的批处理。

②周期性触发。查询以微批处理模式执行，微批执行将以用户指定的时间间隔来进行。

③默认触发。一个批次执行结束立即执行下个批次。

④连续处理。是 Structured Streaming 从 2.3 版本开始提出的新的模式，对标的就是 Flink 的流处理模式，该模式支持传入一个参数，传入参数为 checkpoint 间隔，也就是连续处理引擎每隔多久记录查询的进度。

5.4.3 即席查询（Ad - Hoc）

5.4.3.1 Impala

Impala 是用于处理存储在 Hadoop 集群中的大量数据的 MPP（大规模并行处理）SQL 查询引擎。与其他 Hadoop 的 SQL 引擎相比，它做到了查询的高性能和低延迟，提供了访问存储在 Hadoop 分布式文件系统中的数据的最快方法。与 Hive 依赖于 MapReduce 计算不同，Impala 采用的是基于内存的计算，因此可以更快地完成计算任务。

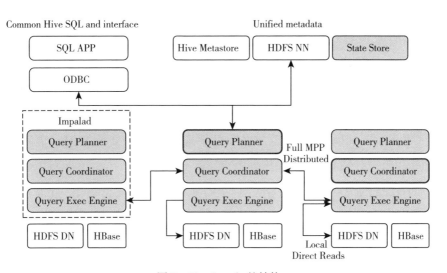

图 5 - 31 Impala 的结构

从图 5 - 31 可以看出，Impala 主要包括三大核心组件：

①Impala Daemon。impalad 是 Impala 的核心进程，运行在所有的数据节点上，可以读写数据，并接收客户端的查询请求，并行执行来自集群中其他节点的查询请求，将中间结果返回给调度节点。调用节点将结果返回给客户端。用户在 Impala 集群上的某个节点提交数据处理请求，则该节点称为 coordinator node（协调器节点），其他的集群节点传输其中处理

的部分数据到该 coordinator node，coordinator node 负责构建最终的结果数据返回给用户。impala 支持在提交任务的时候（采用 JDBC，ODBC 方式）采用 round – robin 算法来实现负载均衡，将任务提交到不同的节点上；impalad 进程通过持续的和 statestore 通信来确认自己所在的节点是否健康和是否可以接受新的任务请求。

②ImpalaStatestore（主要优化点，线程数）。状态管理进程，定时检查 The Impala Daemon 的健康状况，协调各个运行 impalad 的实例之间的信息关系，Impala 正是通过这些信息去定位查询请求所要的数据，进程名叫作 statestored，在集群中只需要启动一个这样的进程，如果 Impala 节点由于物理原因、网络原因、软件原因或者其他原因而下线，Statestore 会通知其他节点，避免查询任务分发到不可用的节点上。

③Impala Catalog Service（元数据管理和元存储）。元数据管理服务，进程名叫做 Catalogd，将数据表变化的信息分发给各个进程。接收来自 statestore 的所有请求，每个 Impala 节点在本地缓存所有元数据。当处理极大量的数据或许多分区时，获得表特定的元数据可能需要大量的时间。因此，本地存储的元数据缓存有助于立即提供这样的信息。当表定义或表数据更新时，其他 Impala 后台进程必须通过检索最新元数据来更新其元数据缓存，然后对相关表发出新查询。

Impala 的优点是支持 JDBC/ODBC 远程访问，支持 SQL 查询，快速查询大数据，无须转换为 MR，直接读取 HDFS 数据，支持列式存储，多种存储格式可以选择，可以与 Hive 配合使用，兼容 HiveSQL，基于内存进行计算，能够对 PB 级数据进行交互式实时查询、分析。缺点是不支持用户定义函数 UDF，不支持 text 域的全文搜索，不支持 Transforms，不支持查询期的容错，对内存要求高，完全依赖于 Hive 等。

5.4.3.2　Presto

Presto 是一个 Facebook 开源的分布式 SQL 查询引擎，适用于交互式分析查询，数据量支持 GB 到 PB 字节。Presto 的架构由关系型数据库的架构演化而来。Presto 之所以能在各个内存计算型数据库中脱颖而出，在于以下几点：

①清晰的架构，是一个能够独立运行的系统，不依赖于任何其他外部系统，如 Presto 自身提供了对集群的监控，可以根据监控信息完成调度。

②简单的数据结构，列式存储，逻辑行，大部分数据都可以轻易地转化成 presto 所需要的这种数据结构。

③丰富的插件接口，完美对接外部存储系统，或者添加自定义的函数。

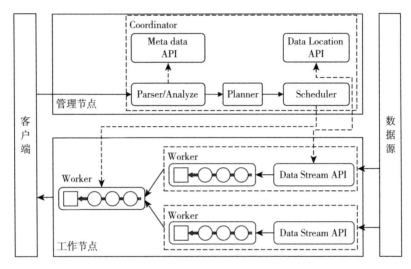

图 5 - 32　Presto 的架构

图 5 - 32 为 Presto 的架构图，它采用的是典型的 master - slave 模型，其中 Coordinator（master）负责 Meta 管理、Worker 管理、Query 的解析和调度；Worker 则负责计算和读写；Discovery Server，通常内嵌于 Coordinator 节点中，也可以单独部署，用于节点心跳。

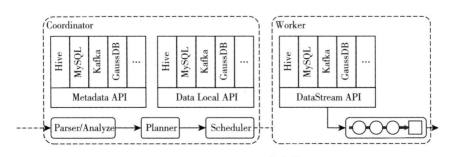

图 5 - 33　Connector 逻辑架构

Presto 有一个非常重要的优点就是可以兼容不同的数据源，图 5-33 详细描述了 Presto 用于数据源扩展的 Connector 模块的逻辑架构。在该架构中有进行自定义数据源开发的三个主要的 API，分别是元数据提取、数据存储位置获得和读数据，只要实现了对应的接口便可以进行新的数据源的接入，从而可以支持跨数据源的数据探查、即席查询，从而减少传统OLAP 分析过程中的数据搬家等步骤。

5.4.3.3 ClickHouse

ClickHouse 是一个面向联机分析处理（OLAP）的开源的列式存储数据库管理系统，与 Hadoop 和 Spark 相比，ClickHouse 轻量级，支持线性扩展，简单方便，高可靠性；速度快，比 Vertica 快 5 倍，比 Hive 快 279 倍，比 MySQL 快 800 倍，其可处理的数据级别已达到 10 亿级别；支持数据统计分析各种场景，支持类 SQL 查询和异地复制部署。图 5-34 是其构成图。

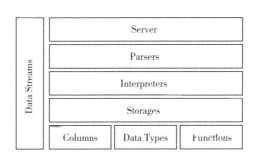

图 5-34 ClickHouse 的构成

ClickHouse 有如下特色：

①列式存储。列式存储使数据压缩也有了用武之地，减少了数据扫描范围，让 I/O 更高效。

②MPP 架构。多主架构，角色对等，数据分片（Shard）和副本（Replica）的结合，既保证了扩展能力，又增强了数据冗余保护。

③CPU 计算。支持 CPU 向量运算，将单体循环变为并行处理，可充分利用硬件和算法，大大提升了计算效率。

④存储引擎。稍复杂，在数据库和表层面都需要规划存储引擎。

⑤MergeTree 系列表引擎。与 ZooKeeper 配合支撑 Distributed 表。

5.4.4　图数据计算

图计算有两种模型的计算框架，一种是基于同步的 BSP 模型（Bulk Synchronous Parallel Computing Model，整体同步并行计算模型）的 GraphX 和 Giraph，这样的优势在于可以提升数据处理的吞吐量和规模，但在速度上会稍逊一筹；另一种是基于 MPI 模型的异步图计算模型 GraphLab。

5.4.4.1　GraphX

与 GraphX 可以组合使用的有图数据库 Neo4j、Titan，它们都可以作为 GraphX 的持久层，存储大规模图数据。Titan 是一个分布式的图形数据库，特别为存储和处理大数据图形而优化。

GraphX 的核心抽象是弹性分布式属性图（Resilient Distribute Property Graph），一种点和边都带有属性的有向多重图。如图 5-35 所示，它同时拥有 Table 和 Graph 两种视图，而只需一种物理存储，这两种视图都有自己独有的操作符，从而获得灵活的操作和较高的执行效率。

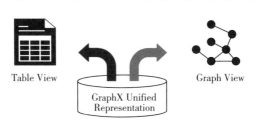

图 5-35　弹性分布式属性

在工业级的应用中，图的规模很大，为了提高处理的速度和数据量，用户希望使用分布式的方式来存储、处理图数据。图的分布式存储大致有两种方式：边分割（Edge Cut）、点分割（Vertex Cut），在早期的图计算框架中，使用的是边分割的存储方式，后期考虑到真实世界中大规模图大多是边多于点的图，所以采用点分割方式来存储。点分割能减少网络传输和存储开销，底层实现是将边放到各个节点存储，而进行数据交换的时候将点在各个机器之间广播进行传输。图 5-36 是其存储方式。

GraphX 的整体架构可以分为三个部分：

①存储层和原语层。Graph 类是图计算的核心类，内部含有 VertexRDD、EdgeRDD 和 RDD 引用。GraphImpl 是 Graph 类的子类，实现了图操作。

②接口层。在底层 RDD 的基础之上实现 Pragel 模型，BSP（Bulk Synchronous Parallelism）模式的计算接口。

③算法层。基于 Pregel 接口实现了常用的图算法。包含 PageRank、SVDPlusPlus、TriangleCount、ConnectedComponents、StronglyConnectedConponents 等算法。

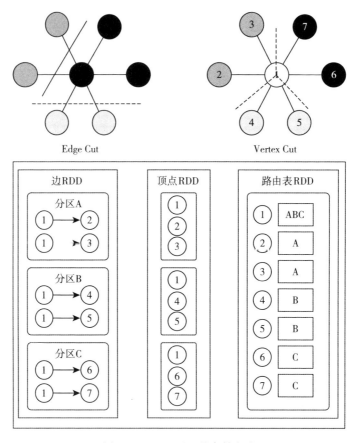

图 5-36　GraphX 的存储方式

5.4.4.2　Giraph

Google 提出了 Pregel 来解决图算法在 MapReduce 上运行低效的问

题，但没有开源。Facebook 根据 Pregel 的思路发展了开源系统 Giraph，但 Giraph 有两个问题：一是 Giraph 的社区不是很活跃；二是现实生活中的图都是符合幂律分布的图，即有一小部分点的边数非常多，这些点在 Pregel 的计算模式下很容易拖慢整个计算任务。

（1）Giraph 的计算模型

Giraph 的整个计算模型主要由输入、一系列 Superstep 迭代计算、输出构成，其中这些 Superstep 被称为 BSP 模型。

BSP 模型是一个块同步并行模型，其由许多个 Superstep 组成。对于 BSP 模型而言，其在 Superstep 内的操作是并行的，但在两个 Superstep 之间则是由一个同步操作进行隔离的。也就是说 Superstep（N＋1）会等待 Superstep（N）执行完成之后才会开始。

图 5－37 显示了 Superstep 的结构图，一个 Superstep 由局部计算、通讯、栅栏同步三个部分构成。可以看到即使有部分的计算比较快，但最终还是会在栅栏同步这里停下等待其余的计算完成。图计算中应用这种模型的好处是可以解决图计算的同步问题，同步模型有利于推断程序语义（即利于编程），并且消除了死锁和数据竞争的问题。

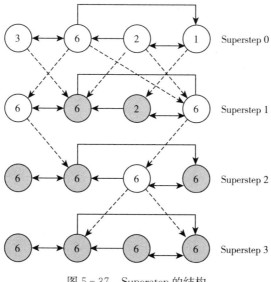

图 5－37　Superstep 的结构

（2）Giraph 的运行流程

Giraph 的运行流程如下：

①Giraph 向 Hadoop 提交 Job，Zookeeper 将会选出一个 MapTask 作为 Giraph 的 Master，其余的 MapTask 则作为 Worker。然后这些 Worker 会通过 Zookeeper 命名服务找到 Master，并向 Master 进行注册。

②Master 对输入图进行分区，并发送分区信息给 Worker，Worker 会对分区进行读取，期间可能会发生 Worker 之间的分区交换。

③Master 会开始协调 Worker 迭代执行 Superstep，Worker 将会在 Superstep 中完成顶点的计算过程，直到所有的顶点处于不活跃状态之后结束计算。

④Giraph 将会根据用户指定的格式输出结果。

5.4.4.3 GraphLab

GraphLab 是最早由卡耐基梅隆大学 SELECT 实验室推出的图计算系统，主要面向机器学习和数据挖掘问题。针对很多算法需要在稀疏数据上进行迭代式计算的特点，GraphLab 把输入/输出数据以图的形式进行表示，并将算法抽象为图上的计算过程。它采用了以顶点为中心的图计算模型，通信发生在各个顶点不同副本间的状态同步，主要采用异步的计算模式，通过多种级别的一致性来保证算法的收敛效率。图 5-38 是其架构图。

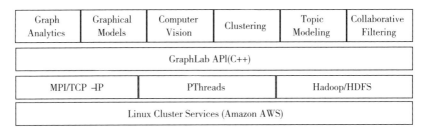

图 5-38　GraphLab 的架构

GraphLab 的执行模型是每个顶点每一轮迭代经过 gather—apple—scatter 三个阶段，如图 5-39 所示。

①Gather 从邻接顶点和自身收集数据，记为 gather_data_i，各个

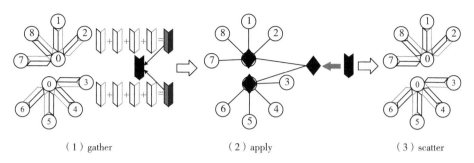

（1）gather　　　　　　　（2）apply　　　　　　　（3）scatter

图 5 - 39　GraphLab 的执行模型

边的数据 GraphLab 会求和，记为 sum _ data。

②Mirror 将 Gather 计算的结果 sum _ data 发送给 Master 顶点，Master 汇总为 total。Master 利用 total 和上一步的顶点数据，按照业务需求进行进一步计算，然后更新 Master 的顶点数据，并同步 Mirror。

③顶点更新完成之后，更新边上的数据，并通知对其有依赖的邻接顶点更新状态。

5.5　数据可视化

数据可视化的方式与数据内容是密切相关的，不同的数据类型，决定了数据内部之间依存的关系，也决定了需要不同的可视化映射方法。结构化数据包括表格数据、网络数据或图数据、场数据和几何数据，非结构化数据包括自然语言文本数据、图片、视频等。常用的可视化工具有面向数据分析人员的 Power BI、Tableau 等工具，也有面向开发人员的可视化开发工具，如 Apache ECharts。

5.5.1　Power BI

Power BI 是微软公司出品的一个统一、可扩展的自助服务和企业商业智能（BI）平台，传承了微软公司软件一贯的功能强大、使用便捷的特点。Power BI 是软件服务、应用和连接器的集合，它们协同工作以将相关数据来源转换为连贯的视觉逼真的交互式可视化。数据可以是 Excel 电子表格，也可以是基于云和本地混合数据仓库的集合。使用 Power BI，可以轻松连接到数据源，可视化并发现重要内容，并根据需要与任何人共享。

Power BI 包括三种终端：

①Windows 桌面应用程序 Power BI Desktop。

②联机服务型软件（SaaS）Power BI 服务。

③适用于 Windows、iOS 和 Android 设备的 Power BI 移动应用。

这三个终端旨在让用户能够采用适合用户及用户的角色且最有效的方式来创建、共享和使用业务可视化分析。此外，Power BI 还提供了两个工具：

①Power BI 报表生成器，用于创建要在 Power BI 服务中共享的分页报表。

②Power BI 报表服务器，这是一个本地报表服务器。在 Power BI Desktop 中创建 Power BI 报表后，可以在该服务器中发布报表。

典型的 Power BI 分析流程如图 5 - 40 所示。

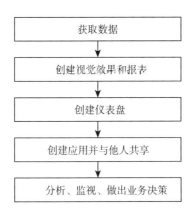

图 5 - 40 典型的 Power BI 分析流程

在 Power BI 中有几个最基本的概念：

①可视化效果（或视觉对象）。是 Power BI 设计者生成的一类图表。视觉对象显示报表和数据集中的数据。Power BI 的数据具有高度交互性，因此用户可以对可视化效果进行切片、筛选、突出显示、更改甚至选取。

②数据集。就是数据容器，它可能是业务统计的 Excel 文件，也可能是用户组织拥有的数据库，由设计者管理。

③仪表板。是一个包含交互式视觉对象、文本和图形磁贴的屏幕。仪表板在一个屏幕上收集最重要的指标，以便呈现某个事实或回答某个问题。仪表板内容来自一个或多个报表以及一个或多个数据集。

④报表。由含交互式视觉对象、文本和图形的一个或多个页面组成。Power BI 是在一个数据集的基础之上生成报表。通常情况下，设计者将报表页整合到一起，以处理主要关注领域或回答一个问题。

⑤应用。是设计者捆绑和共享相关仪表板、报表和数据集的方式。用户自动接收某些应用，也搜索由同事或社区创建的其他应用。

Power BI Desktop 是一款可在本地计算机上安装的免费应用程序，可用于连接数据、转换数据并实现数据的可视化效果。使用 Power BI Desktop 可以连接到许多不同的数据源，并将其合并（通常称为建模）到数据模型中。通过此数据模型，可构建视觉对象，也可构建作为报表与组织内其他人共享的视觉对象集合。致力于商业智能项目的大多数用户使用 Power BI Desktop 创建报表，然后使用 Power BI 服务与其他人共享其报表。Power BI Desktop 的最常见用途如下：

①连接到数据。

②转换和清理该数据，以创建数据模型。

③创建视觉对象，如提供数据的可视化表示形式的图表或图形。

④在一个或多个报表页上创建作为视觉对象集合的报表。

⑤使用 Power BI 服务与其他人共享报表。

负责此类任务的人员通常被视为"数据分析师"或"商业智能专业人员"。其他非专业人员可以使用 Power BI Desktop 创建报表或拉取来自各个源的数据，然后生成数据模型或共享报表。

Power BI Desktop 中提供三个视图，可以根据需要进行切换，视图显示的顺序如下所示：

①报表。创建报表和视觉对象，大部分创建时间都花费在这里。

②数据。查看与报表关联的数据模型中使用的表、度量值和其他数

据，并转换数据以便在报表的模型中充分利用。

③模型。查看和管理数据模型中各表之间的关系。

Microsoft Power BI 服务有时被称为 Power BI Online，它是 Power BI 的服务型软件（SaaS）部分。Power BI 服务中的仪表板可帮助用户了解业务状况。仪表板会显示磁贴，用户可选择这些磁贴来打开报表进一步了解详细信息。仪表板和报表会连接到数据集，后者将所有相关数据汇集在一处。

Power BI Desktop 是一个应用程序，用户可以在本地计算机上免费下载和安装。它是一个完整的数据分析和报表创建工具，用于连接、转换、可视化和分析数据。它包括查询编辑器，可以在其中连接到许多不同的数据源，并将其（通常称为建模）合并到数据模型中，然后根据该数据模型设计报表；可以直接与其他人共享报表，也可以将报表发布到 Power BI 服务。

Power BI 服务是基于云的服务或软件即服务（SaaS）。它支持团队和组织的报表编辑和协作。也可以连接到 Power BI 服务中的数据源，但不可以建模。Power BI 服务用于创建仪表板、创建和共享应用、分析和浏览数据以发现业务见解等。

图 5-41 比较了 Power BI Desktop 和 Power BI 服务，两者各自有自己的特色，中间重叠部分显示了它们共有的一些功能。

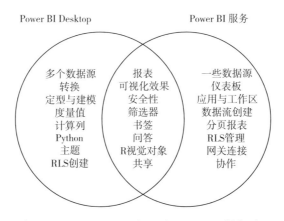

图 5-41　Power BI Desktop 和 Power BI 服务对比

5.5.2　Apache ECharts

ECharts（Enterprise Charts，商业级数据图表）原来是百度的一个项目，在 2012 年 8 月立项，2013 年 6 月开源并发布 1.0 版本，2015 年开始重构，2018 年初捐赠给 Apache 基金会，成为 ASF 孵化级项目，2021 年 1 月，成为 Apache 顶级项目。ECharts 是一个使用 JavaScript 实现的开源可视化库，可以流畅地运行在 PC 和移动设备上，兼容当前绝大部分浏览器（IE9/10/11、Chrome、Firefox、Safari 等），底层依赖矢量图形库 ZRender，提供直观、交互丰富、可高度个性化定制的数据可视化图表。其优势在于：

①具有丰富的可视化类型。ECharts 提供了常规的折线图、柱状图、散点图、饼图、K 线图，用于统计的盒形图，用于地理数据可视化的地图、热力图、线图，用于关系数据可视化的关系图、树状图、旭日图，多维数据可视化的平行坐标，还有用于 BI 的漏斗图，仪表盘，并且支持图与图之间的混搭。ECharts 还支持自定义可视化类型。

②可以直接支持多种数据格式。ECharts 内置的 dataset 属性（4.0＋）支持直接传入二维表、key - value 等多种格式的数据源，通过简单的设置 encode 属性就可以完成从数据到图形的映射，这种方式更符合可视化的直觉，省去了大部分场景下数据转换的步骤，而且多个组件能够共享一份数据而不用克隆。为了配合大数据量的展现，ECharts 还支持输入 TypedArray 格式的数据，TypedArray 在大数据量的存储中可以占用更少的内存，对 GC 友好等特性也可以大幅度提升可视化应用的性能。

③支持千万数据的前端展现。通过增量渲染技术（4.0＋），配合各种细致的优化，ECharts 能够展现千万级的数据量，并且在这个数据量级依然能够进行流畅的缩放平移等交互。几千万的地理坐标数据就算使用二进制存储也要占上百 MB 的空间。因此 ECharts 同时提供了对流加载（4.0＋）的支持，用户可以使用 WebSocket 或者对数据分块后加载，不需要漫长地等待所有数据加载完再进行绘制。

④针对移动端的优化。ECharts 针对移动端交互做了细致的优化，如

移动端小屏上适于用手指在坐标系中进行缩放、平移，PC 端也可以用鼠标在图中进行缩放（用鼠标滚轮）、平移等。细粒度的模块化和打包机制可以让 ECharts 在移动端也拥有很小的体积，可选的 SVG 渲染模块让移动端的内存占用不再捉襟见肘。

⑤采用了多渲染方案，支持跨平台使用。ECharts 支持以 Canvas、SVG（4.0＋）、VML 的形式渲染图表。VML 可以兼容低版本 IE，SVG 使移动端不再为内存担忧，Canvas 可以轻松应对大数据量和特效的展现。不同的渲染方式提供了更多选择，使 ECharts 在各种场景下都有更好的表现。

⑥支持深度的交互式数据探索。ECharts 提供了图例、视觉映射、数据区域缩放、tooltip、数据刷选等开箱即用的交互组件，可以对数据进行多维度数据筛取、视图缩放、展示细节等交互操作。

⑦多维数据的支持以及丰富的视觉编码手段。ECharts 加强了对多维数据的支持。除了加入了平行坐标等常见的多维数据可视化工具外，对于传统的散点图等，传入的数据也可以是多个维度的。配合视觉映射组件 visualMap 提供的丰富的视觉编码，能够将不同维度的数据映射到颜色、大小、透明度、明暗度等不同的视觉通道。

⑧支持动态数据。ECharts 由数据驱动，数据的改变驱动图表展现的改变。因此动态数据的实现也变得异常简单，只需要获取数据，填入数据，ECharts 会找到两组数据之间的差异然后通过合适的动画去表现数据的变化。配合 timeline 组件能够在更高的时间维度上去表现数据的信息。

⑨绚丽的特效。ECharts 针对线数据、点数据等地理数据的可视化提供了基于 WebGL 的 ECharts GL，用户可以跟使用 ECharts 普通组件一样轻松的使用 ECharts GL 绘制出三维的地球、建筑群、人口分布的柱状图，在这基础之上 ECharts 还提供了不同层级的画面配置项，几行配置就能得到艺术化的画面。

⑩无障碍访问（4.0＋）。W3C 制定了无障碍富互联网应用规范集（WAI‐ARIA，the Accessible Rich Internet Applications Suite），致力于使网页内容和网页应用能够被更多残障人士访问。ECharts 遵从这一规

范，支持自动根据图表配置项智能生成描述，使盲人可以在朗读设备的帮助下了解图表内容，让图表可以被更多人群访问。

5.5.3　OpenLayers

OpenLayers 是一个模块化、高性能、功能丰富的库，用于地图和地理空间数据的可视化与交互。该库内置支持各种商业和免费图像和矢量图块源，以及最流行的开放和专有矢量数据格式。借助 OpenLayers 的地图投影支持，数据可以位于任何投影中。

（1）基本概念

①Map。OpenLayers 的核心组件，它被渲染到一个目标容器，如网页上包含地图的某个元素。所有 Map 属性都可以在构建的时候进行配置，也可以使用 setter 方法进行配置。

②View。用来控制地图的中心、缩放级别和投影等内容。

③Source。地图图层的远程数据源，这些远程数据可以是 OpenStreetMap 或 Bing 等免费和商业地图切片服务、WMS 或 WMTS 等 OGC 源，以及 GeoJSON 或 KML 等格式的矢量数据。

④Layer。来自 Source 的数据的可视化表示，OpenLayers 有四种基本类型的层，即 Tile、Image、Vector、VectorTile。

⑤Controls。可以对地图进行操作的各类组件，如放大、缩小、漫游、全屏、"鱼骨"、比例尺、坐标、"鹰眼"等。

⑥Interactions。与鼠标或键盘等输入设备进行的交互，如双击放大、拖拽矩形框选择、滚轮操作、Alt‑Shift‑drag 旋转等操作。

⑦Projection。用来设置地图投影。

⑧Other components。如 Geolocation 用来调用 HTML5 的定位功能、Overlay 用来在地图上覆盖某些元素。

（2）基本架构

如图 5‑42 所示，OpenLayer 把整个可视化后的地图看作一个容器（Map），核心为地图图层（Layer）、与图层相对应的数据源（Source）、与矢量图层相对应的样式（Style）及与地图表现相关的视图（View），除此之外 Map 这个容器中还有一些控件（如地图交互操作控件），以及绑定在 Map 和 Layer 上的一系列待请求的事件。

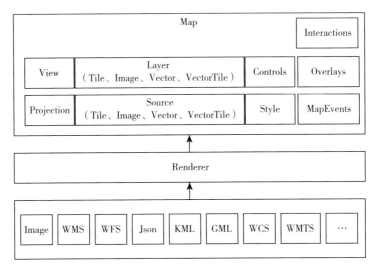

图 5 - 42　Openlayer 基本架构

整个架构底层是 OpenLayers 的数据源，即 Image、GML、KML、JSON、OGC 服务资源等，均为 source 与 format 命名空间下的子类，这些数据经过 Renderer 渲染，显示在地图容器中的图层 Layer 上。其中，Openlayers 为地图容器（Map）与图层（Layer）提供了 Canvas、DOM、WebGL 三种渲染类型，分别由 ol. renderer. Map 与 ol. renderer. Layer 实现。

5.6　任务调度

随着乡村振兴过程中计算需求快速增加，离线任务的数量也越来越多，特别是到凌晨要运行成百上千个离线任务，如果这些任务同时执行会导致集群资源瞬间拥堵，进而影响线上任务的稳定性。因此需要对这些任务进行调度，根据这些任务之间的依赖关系依次执行，如果任务执行失败则需要向管理员报警。这些都是任务调度系统需要完成的工作。据此来看，一个任务调度系统基本功能应该包括：定时调度任务、设置任务之间的依赖关系、任务失败自动报警。

传统的任务调度系统是 Crontab，如果任务较少，任务之间没有复杂的依赖关系，那么 Crontab 是完全可以满足需求的。但是随着分布式计算系统的增多，任务数量增多，很多任务之间有依赖关系，那么 Crontab 会存在一些问题，此时就会需要一个分布式调度系统来处理这些问题。

DolphinScheduler 是由中国易观公司开源的分布式任务调度系统，于 2021 年 3 月成为 Apache 的顶级项目，目前在分布式任务调度系统领域占有一定的市场，其目标在于解决数据处理流程中的错综复杂的依赖关系，使调度系统能够"开箱即用"。其特点在于：

①简单易用。提供 DAG（Directed Acyclic Graph，有向无环图）监控界面，工作流可以通过可视化操作进行定义；实现了模块化操作，有助于用户轻松定制和维护。

②丰富的使用场景。支持多种任务类型，如 Shell、MR、Spark、SQL 等 10 余种任务类型，支持跨语言，易于扩展。

③高可靠性。去中心化的多 Master 和多 Worker 服务对等架构设计，采用任务缓冲队列，提供过载容错能力，提供高度稳健的环境。

④高扩展性。支持自定义任务类型，调度器使用分布式调度，调度能力随集群线性增长，Master 和 Worker 支持动态上下线。

DolphinScheduler 的架构（图 5 - 43）主要由 MasterServer、WorkerServer、Registry、Alert、API 和 UI 等组件组成，其去中心化设计思想是将 Master/Worker 注册心跳到 Zookeeper 中，Master 基于 Slot 处理各自的 Command，通过 Selector 分发任务给 Worker，实现 Master 集群和 Worker 集群无中心。

①MasterServer 采用分布式无中心设计理念，MasterServer 主要负责 DAG 任务切分、任务提交监控，并同时监听其他 MasterServer 和 WorkerServer 的健康状态。MasterServer 服务启动时向 Zookeeper 注册临时节点，通过监听 Zookeeper 临时节点变化来进行容错处理。MasterServer 基于 Netty 提供监听服务。

②WorkerServer 也采用分布式无中心设计理念，WorkerServer 主要

负责任务的执行和提供日志服务。WorkerServer 服务启动时向 Zookeeper 注册临时节点，并维持心跳。WorkerServer 基于 Netty 提供监听服务。

③ZooKeeper 服务。系统中的 MasterServer 和 WorkerServer 节点都通过 ZooKeeper 来进行集群管理和容错。另外系统还基于 ZooKeeper 进行事件监听和分布式锁。本研究也曾经基于 Redis 实现过队列，不过由于希望 DolphinScheduler 依赖的组件尽量地少，所以最后去掉了 Redis 实现。

④AlertServer。提供告警服务，通过告警插件的方式实现丰富的告警手段。

⑤ApiServer。API 接口层，主要负责处理前端 UI 层的请求。该服务统一提供 RESTful api 向外部提供请求服务。

⑥UI。系统的前端页面，提供系统的各种可视化操作界面。

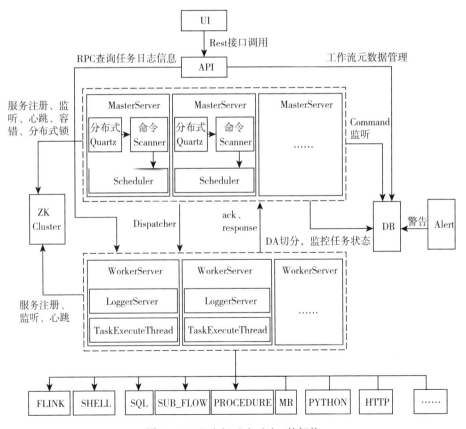

图 5-43 DolphinScheduler 的架构

5.7　全文检索

随着乡村振兴过程中数据的逐渐积累，针对海量数据进行多条件复杂快速查询的需求越来越强烈，这就需要一种可以支持海量数据的分布式全文检索引擎。

Lucene 是 1997 年出现的一个全文检索引擎，2001 年贡献给 Apache 后进入了快速发展阶段。Lucene 虽然提供了全文检索的完全底层的核心功能，但是都是以基础性的 API 提供的，使用起来难度较大。后来随着大数据技术的发展和需求，Elasticsearch 在 Apache Lucene 的基础上开发而成，由 Elasticsearch N. V.（即现在的 Elastic）于 2010 年首次发布，主要用于解决海量数据下的全文检索需求。Elasticsearch 是一个免费且开放的分布式搜索和分析引擎，适用于包括文本、数字、地理空间、结构化和非结构化数据等在内的所有类型的数据。Elasticsearch 以其简单的 REST 风格 API、分布式特性、速度和可扩展性而闻名。

Elasticsearch 在速度和可扩展性方面都表现出色，而且还能够索引多种类型的内容，这意味着其可用于多种应用场景，如应用程序搜索、网站搜索、企业搜索、日志处理和分析、基础设施指标和容器监测、应用程序性能监测、地理空间数据分析和可视化、安全分析和业务分析等。

原始数据会从多个来源（包括日志、系统指标和网络应用程序）输入到 Elasticsearch 中。这些数据在 Elasticsearch 中索引完成之后，用户便可针对他们的数据进行复杂的查询，并使用聚合来检索自身数据的复杂汇总。

Elasticsearch 索引指相互关联的文档集合。Elasticsearch 会以 JSON 文档的形式存储数据。每个文档都会在一组键（字段或属性的名称）和它们对应的值（字符串、数字、布尔值、日期、数值组、地理位置或其他类型的数据）之间建立联系。Elasticsearch 使用的是一种名为倒排索引的数据结构，这一结构的设计可以做到十分快速地进行全文本搜索。倒排索引会列出在所有文档中出现的每个特有词汇，并且可以找到包含每个词汇的全部文档。在索引过程中，Elasticsearch 会存储文档并构建倒排索引，这样用户便可以近实时地对文档数据进行搜索。索引过程是在索引 API 中启动的，通过此 API 既可向特定索引中添加 JSON 文档，也可更改特定索引中的 JSON 文档。

Elasticsearch 的优点在于：

①Elasticsearch 速度很快。由于 Elasticsearch 是在 Lucene 基础上构建而成的，所以在全文本搜索方面表现十分出色。Elasticsearch 同时还是一个近实时的搜索平台，这意味着从文档索引操作到文档变为可搜索状态之间的延时很短，一般只有一秒。因此，Elasticsearch 非常适用于对时间有严苛要求的用例，如安全分析和基础设施监测。

②Elasticsearch 具有分布式的本质特征。Elasticsearch 中存储的文档分布在不同的容器中，这些容器称为分片，可以进行复制以提供数据冗余副本，以防发生硬件故障。Elasticsearch 的分布式特性使它可以扩展至数百台（甚至数千台）服务器，并处理 PB 量级的数据。

③Elasticsearch 包含一系列广泛的功能。除了速度、可扩展性和弹性等优势以外，Elasticsearch 还有大量强大的内置功能（如数据汇总和索引生命周期管理），可以方便用户更加高效地存储和搜索数据。

5.7.1　核心概念

Elasticsearch 的核心概念有：

①Cluster。Elasticsearch 集群，集群中有多个节点，其中一个为主节点，主节点通过选举产生。

②Shard。索引库分片，Elasticsearch 集群可以把一个索引库分成多个分片，由此可以把一个大的索引库水平分拆成多个分片，分布到不同的节点上，构成分布式搜索，从而提高性能和吞吐量。

③Replica。分片的副本，Elasticsearch 集群可以给分片设置副本。副本可以提高系统的容错性，当某个分片损坏或丢失的时候，可以从副本恢复。副本还可以自动对搜索请求进行负载均衡，从而提高 Elasticsearch 的查询效率。

④Recovery。数据恢复机制，Elasticsearch 集群在有节点加入或退出时，会根据机器的负载对分片进行重新分配，失效的节点会在重新启动时也会对数据进行回复。

5.7.2　Elasticsearch 架构

Elasticsearch 在 Lucene 的架构上进行了封装，其架构更为复杂，图 5 - 44 是其架构图。

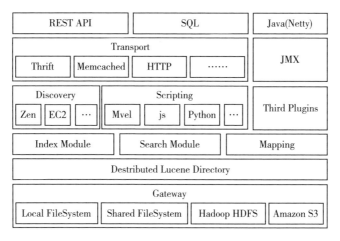

图 5 - 44　Elasticsearch 的架构

①Gateway。是 Elasticsearch 用来存储索引的文件系统，支持多种类型，最常见的是 Local FileSystem，即本地文件系统。

②Distributed Lucene Directory。分布式的 lucene 框架。

③Index Module。索引模块控制。

④Search Module。Elasticsearch 的搜索模块。

⑤Mapping。Elasticsearch 的元数据类型解析模块。

⑥Discovery。Elasticsearch 的节点发现模块，不同机器上的 Elasticsearch 节点要组成集群需要进行消息通信，集群内部需要选择 Master 节点，这些工作都是由 Discovery 模块完成。支持多种发现机制，如 Zen、EC2、gce、Azure。

⑦Scripting。用来支持在查询语句中插入 javascript、python 等脚本

语言，scripting 模块负责解析这些脚本，使用脚本语句会导致性能稍降低。

⑧3rd Plugins。Elasticsearch 支持多种第三方插件。

⑨Transport。Elasticsearch 的通信和传输模块，支持多种传输协议，如 Thrift、Memecached、HTTP，默认使用 HTTP。

⑩JMX。Java 的管理框架，用来管理监控 Elasticsearch 应用。

⑪REST API。Elasticsearch 提供的上层抽象 API，用户可以通过 REST API 和 Elasticsearch 集群进行交互。

⑫SQL。Elasticsearch 从 6.x 版本开始官方提供了 SQL 插件，可以通过 SQL 查询 Elasticsearch 中的索引数据。

⑬Java（Netty）。Elasticsearch 使用的网络编程框架。

5.8 空间数据服务

空间数据经过前期处理入库后要进行地图可视化，地图可视化的前提是要把数据发布成各类地图服务，才能让各类浏览器端的地图可视化工具（如 OpenLayers 等）进行可视化。将数据发布成地图服务需要地图服务器。常用的地图服务器有各类商业公司的商业软件，如 ESRI 公司的 ArcGIS Server、超图公司的 SuperMap iServer、武汉中地的 MapGIS IGServer 等，开源的地图服务器也有很多，常用的有 GeoServer、MapServer 等。本研究从拓展开发的灵活性和开发技术的一致性考虑采用了开源的地图服务器 GeoServer。

GeoServer 是一个使用 Java 编写的，允许用户分享、编辑地理空间数据的开源软件。它在设计时就考虑了互操作性，支持使用开放标准发布多数主流格式的空间数据。作为一个社区驱动的项目，GeoServer 由来自世界各地的个人和组织开发、测试以及提供支持。GeoServer 实现了开放地理空间联盟（Open Geospatial Consortium）的网络要素服务（Web Feature Service）、网络覆盖服务（Web Coverage Service）及网络地图服务（Web Map Service）。其对网络地图服务的高性能实现，获得了 OGC

认证。

GeoServer 底层采用 GeoTools 对各类空间数据进行处理。GeoTools 是一个符合 OGC 标准的 Java 类库，提供了很多的标准类来处理空间数据，包含构建一个完整的地理信息系统所需要的全部工具类，常见的问题如投影的转换、基准面的设定、空间数据对象的渲染和样式、各种数据源的支持、各种 GIS 文件格式支持、空间数据过滤与搜索等，都有对应的解决方案，这些解决方案被封装成一个一个的类，可供用户调用。从用户操作的角度，GeoServer 提供了一系列地图服务发布的工具。

GeoServer 中的主要概念（图 5-45）有：

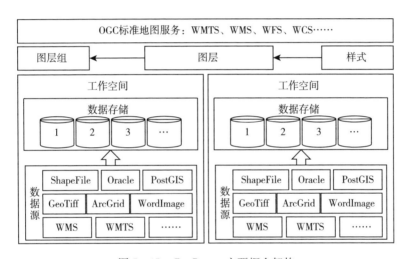

图 5-45　GeoServer 主要概念架构

①工作空间（workspace）。是对数据存储的逻辑组织，在工作空间下，可以添加各种不同类型的空间数据存储（store）。

②数据存储（store）。是管理 GeoServer 的数据逻辑存储，实际的数据存储在数据源（source）里。

③数据源（source）。GeoServer 所存储的数据的来源，分为三大类，矢量数据源、栅格数据源和其他数据源。矢量数据源有 Shapefile、Shapefile 所在的文件夹、GeoPackage、PostGIS、包含要素信息的 Java 属性文件、地图服务 WFS 等，栅格数据有 ArcGrid、GeoPackage、GeoTIFF、ImageMosaic、WorldImage 等，其他数据源有 WMS、WMTS 等。

④图层（layer）。由数据存储建立的图层，对应数据中的一个文件或数据库中的一张表。

⑤图层组（grouplayer）。是图层按需进行叠加，形成的一个组合的图层，方便应用。

⑥样式。是存放着图层的样式信息，以".sld"文件存放在某个目录下面的一组文件，一个图层对应一个样式文件，一般建议存放在GeoServer的数据目录下。

⑦地图服务。按OGC标准与规范实现的地图服务，如WMS、WFS、WCS、GML、KML等服务。

第6章

乡村振兴核心数据库设计

乡村振兴核心数据库是乡村振兴数字化建设最关键的 IT 引擎，存储了乡村振兴过程中各建设项目的关键数据，包括核心元数据、公共基础数据、共享共用数据、宏观分析数据等，是乡村振兴战略宏观成果的沉淀，也是乡村振兴大数据互联互通的存储媒介。按照数据内容分类，乡村振兴核心数据库的数据内容应当是乡村振兴大数据目录体系对应的数据目录内容。本研究从实践的角度对乡村振兴核心数据库的建设提出了实施思路和步骤。

6.1 数据库设计

6.1.1 数据库总体设计

6.1.1.1 数据库设计原则

乡村振兴核心数据库设计依据以下原则开展设计工作：

①一体化原则。构建乡村振兴地理信息综合数据库，实现基础地理信息数据、自然资源数据、乡村产业专题数据、乡村生态专题数据、乡村文化专题数据、乡村人才专题数据、乡村组织专题数据以及相关服务支撑数据的集中化存储和综合性管理。

②规范化原则。所制定的数据库设计规范最大限度地与国家标准和测绘行业标准保持一致，并参考引用有关研究成果。

③先进性原则。综合利用不同类型数据库以及文件存储系统，结合政务云环境软硬件现状，面向不同存储内容和应用需求，设计和采用先进的存储架构、完善的技术标准和成果的数据库产品，实现对海量数据的动态

管理，保障数据库系统稳定、可靠地运行。

④可扩展性原则。数据库系统中的数据、硬件、软件具有可扩展性。

⑤安全性原则。依据乡村振兴大数据安全相关标准规范，在数据库设计、建立、运行、维护等方面建立严格的安全与保密措施，确保整个数据库系统安全、正常和有效地运行和使用。

⑥命名规范化原则。根据乡村振兴总体要求，按照相关标准规范对各类数据库对象制定合理、规范的命名规则。

6.1.1.2 数据库总体架构

从数据生命周期和业务流程视角，乡村振兴地理信息综合数据库逻辑上可总体划分为资源数据库和服务数据库及与之匹配的目录与元数据库。

①资源数据库。以基础地理数据为空间基底，对各来源的数据基于"权威数据来源权威部门，一数一源，一源多用"的原则，按照数据建库规范进行整合处理，形成资源库数据内容，在数据入库后进行时空化管理，具体包括基础地理数据、自然资源数据、地名地址数据和乡村振兴专题数据。

②服务数据库。对资源库数据进行按需抽取和产品加工，成果数据结合数据缓存、分布式集群等面向高并发访问场景的存储技术，在服务库中进行集中管理，支撑服务平台和专题应用系统的数据访问需求，具体包括电子地图数据（矢量瓦片）、影像瓦片数据、倾斜三维瓦片数据、地形栅格瓦片数据、地名地址数据及乡村振兴专题数据。

③目录与元数据库。构建面向管理与应用的统一资源目录体系，采用元数据对乡村振兴数据资源进行描述，形成规范的目录内容，相关的目录结构信息与元数据信息在目录与元数据库中进行存储管理。

乡村振兴地理信息综合数据库总体构成如图 6-1 所示。

6.1.2　数据库概念设计

6.1.2.1　资源数据库概念设计

（1）基础地理数据

基础地理数据主要包括全域 1∶2 000 框架要素数据、地形数据、影

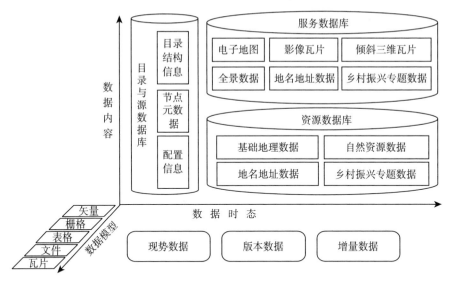

图 6-1　数据库总体架构

像数据、重点园区景区倾斜三维数据、空中和地面 720 度全景影像数据、基础测绘数据等。针对矢量要素数据采用时空数据模型进行管理，包括现势数据、增量数据以及按需生成的版本数据（图 6-2）。

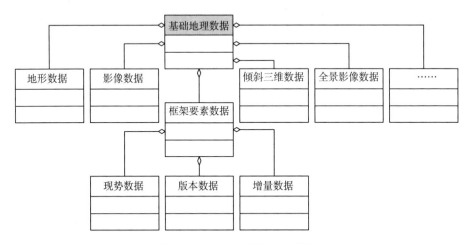

图 6-2　基础地理数据概念模型

（2）自然资源数据

自然资源数据主要包括 1∶500 宅基地数据、农村经济管理部门农村土地承包经营权确权登记 1∶2 000 数据、林业变更调查数据、水利普查数据、土地利用现状数据、水文地质调查数据、国情普查数据等（图 6-3）。

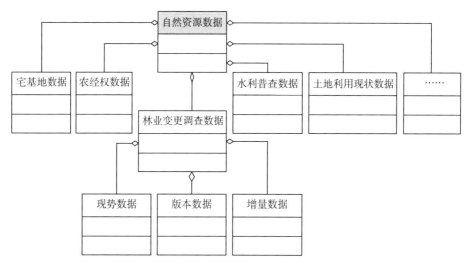

图 6-3　自然资源数据概念模型

（3）地名地址数据

地名地址数据由地名数据和地址数据组成，具体包括现势地名数据、历史地名数据、现势地址数据、历史地址数据（图 6-4）。

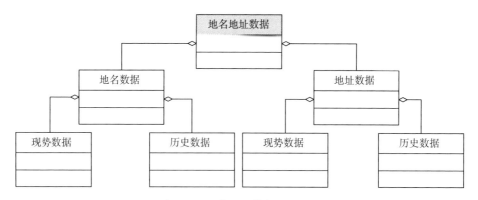

图 6-4　地名地址数据概念模型

（4）乡村振兴专题时空数据

乡村振兴专题数据来自不同的政府部门，包括产业振兴专题数据、生态振兴专题数据、文化振兴专题数据、人才振兴专题数据和组织振兴专题数据等（图6-5）。

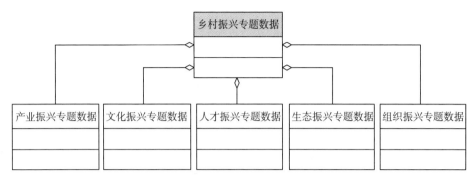

图6-5　乡村振兴专题数据概念模型

6.1.2.2　服务数据库概念设计

（1）电子地图数据

电子地图数据为资源数据库基础地理和自然资源要素数据经过数据抽取与加工处理后形成的服务成果数据，由现势数据和历史数据组成。电子地图数据为矢量瓦片形式，并直接为电子地图服务提供数据支撑。

（2）地名地址数据

地名地址数据为资源库地名地址数据经过加工处理形成的成果数据，支撑地名地址检索、正逆向地理编码服务的发布，主体由现势地名数据与地址数据组成，依据服务支撑、可视化展示的数据应用场景，保留历史版本地名数据与地址数据。

（3）影像瓦片数据

影像瓦片数据为成果影像经过加工处理形成的成果数据，由现势数据和历史数据组成，并直接为影像电子地图服务、二三维影像集成展示提供数据支撑。

（4）地形栅格瓦片数据

地形栅格瓦片数据为DEM经过加工处理形成的成果数据，由现势数据和历史数据组成，并直接为晕渲电子地图服务提供数据支撑。

（5）倾斜三维瓦片数据

倾斜三维瓦片数据为倾斜三维数据经过加工处理形成的成果数据，为三维浏览场景提供数据支撑。

（6）乡村振兴专题数据

乡村振兴专题数据提供要素和矢量瓦片两种形式。要素型数据为资源库振兴专题数据经过抽取加工形成的成果数据，支撑数据分析与信息挖掘，辅助政务决策。矢量瓦片型数据为要素型数据的矢量瓦片切片结果，支撑面向公众的地图服务应用。

6.1.2.3 目录与元数据库概念设计

将以存储形态组织的乡村振兴地理信息数据按照数据分类体系进行重新编目组织，通过对目录内容的有效组织和管理支撑数据资源的统一定位与发现，因此，目录与元数据库包含目录结构信息、节点元数据信息（目录节点与数据节点）和面向目录与元数据服务的浏览查询配置信息等（图6-6）。

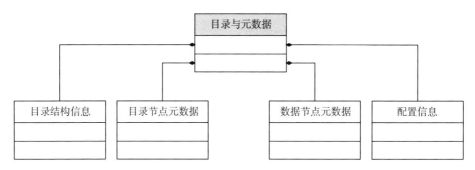

图6-6 目录与元数据概念设计

6.1.3 数据库逻辑设计

6.1.3.1 资源数据库逻辑设计

基础地理数据的矢量部分、自然资源数据的矢量部分、地名地址数据和乡村振兴专题数据采用要素数据集或矢量时空数据模型进行存储管理，影像和栅格地形采用镶嵌数据集进行管理（表6-1）。

镶嵌数据集（Mosaic Dataset）用于管理一组以目录形式组织、以镶嵌形式查看的栅格数据（影像、地形）。实体数据（影像或地形）、金字塔、概视图存放于文件系统，轮廓线、边界线、属性信息存储于空间数据库（图6-7）。

表6-1　资源数据逻辑模型

数据类型		逻辑模型
基础地理数据		矢量时空数据模型
自然资源数据		矢量时空数据模型
地名地址数据	地名数据	矢量时空数据模型
	地址数据	矢量时空数据模型
乡村振兴专题数据	乡村产业振兴数据	每个版本对应一个要素数据集
	乡村生态振兴数据	每个版本对应一个要素数据集
	乡村文化振兴数据	每个版本对应一个要素数据集
	乡村人才振兴数据	每个版本对应一个要素数据集
	乡村组织振兴数据	每个版本对应一个要素数据集
成果影像数据	0.5米成果影像数据	每个版本对应一个镶嵌数据集
	0.2米成果影像数据	每个版本对应一个镶嵌数据集
全景数据	全景数据	每个版本对应一个文件数据集
栅格地形数据	2米数据	每个版本对应一个镶嵌数据集
	5米数据	每个版本对应一个镶嵌数据集
三维数据	倾斜摄影数据	每个版本对应一个文件数据集

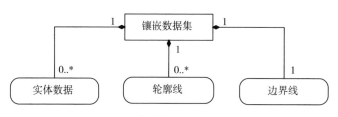

图6-7　镶嵌数据集的逻辑结构

（1）基础地理数据

基础地理数据的图层组织与字段定义由基础测绘相关标准规范规定。

（2）地名地址数据

地名地址数据由点状地名数据、线状地名数据和地址数据组成，图层组织与字段定义由相关规范规定。

（3）乡村振兴专题数据

乡村振兴专题数据图层组织与字段定义由各分项设计进行约束规定，与入库数据要求保持一致。

（4）成果影像数据

成果影像数据由影像数据和元数据组成，影像数据通过镶嵌数据集进行组织管理，元数据通过关系表进行存储。每一幅或每一景影像数据对应镶嵌数据集属性表的一条记录，其元数据对应元数据关系表的一条记录，二者的匹配关系通过单独的关系表进行维护。

（5）栅格地形数据

栅格地形数据由地形数据和元数据组成，地形数据通过镶嵌数据集进行组织管理，元数据通过关系表进行存储。每一幅地形数据对应镶嵌数据集属性表的一条记录，其元数据对应元数据关系表的一条记录，二者的匹配关系通过单独的关系表进行维护。

（6）三维数据

三维数据由实体文件、元数据、空间范围信息组成，采用文件数据集进行版本化管理。

6.1.3.2 服务数据库概念设计

服务数据库中的框架要素数据、乡村振兴专题数据采用要素类、要素数据集进行存储管理，瓦片数据依据瓦片类型采用不同类型的瓦片数据集进行存储管理。

（1）通用瓦片数据集

通用瓦片数据集面向影像瓦片、地形栅格瓦片、三维地形瓦片、栅格形式注记瓦片等数据的存储管理。每一个通用瓦片数据集对应两张二维表，一张为瓦片数据表，一张为版本信息表。瓦片数据表的一条记录对应一张瓦片，瓦片由行号、列号、层级、版本号四元组唯一确定，通过版本号关联瓦片的版本信息（如时相信息等）。不同瓦片数据集的版本信息表可以采用不同的字段结构（图6-8）。

在数据库层面存在一张二维表，存储瓦片数据集的元数据，每个瓦片数据集对应表中一条记录。

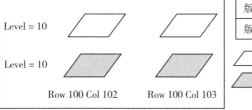

图 6-8　通用瓦片数据集逻辑结构

（2）矢量瓦片数据集

矢量瓦片数据集专属矢量瓦片及矢量瓦片形式注记数据的存储管理，数据库中电子地图数据与乡村振兴专题数据采用矢量瓦片形式。如图 6-9 所示，每一个矢量瓦片数据集在 NoSQL 数据库中对应多个数据集合，具体包括一个数据集元数据信息表和多个矢量瓦片要素数据表。在数据库中存储一张元数据信息表，用于存储数据集的基本信息，包括数据集名称、版本、时间、所包含的要素信息，每一个矢量瓦片数据集对应于数据集信

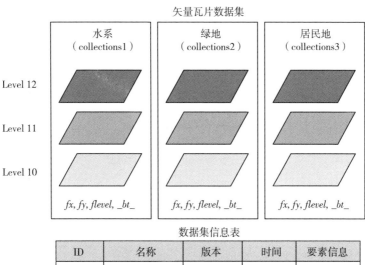

图 6-9　矢量瓦片数据集逻辑结构

息表中的一条记录。矢量瓦片数据表中的一条记录对应一类要素的一张瓦片，瓦片由 ID、行号、列号、层级、时相五元组唯一确定。不同矢量瓦片要素数据表均可以采用不同的字段结构。

6.1.3.3 目录与元数据库逻辑设计

目录结构信息（表 6-2）、目录节点元数据、数据节点元数据和面向目录与元数据服务的浏览查询配置信息（表 6-3）等采用关系数据库表进行存储。

表 6-2 目录结构信息表

属性名称	数据类型	必须	备注
序号	数值型	是	唯一值
数据分类编码	文本型	是	数据分类编码
父节点 ID	数值型	是	父节点 ID
名称	文本型	是	数据分类名称
节点类型	文本型	是	0：分类节点；1：数据节点
备注	文本型	否	备注信息
节点顺序	文本型	否	节点顺序
是否为常用节点	数值型	否	0：否 1：是
数据存储路径	文本型	是	数据存储路径
元数据表 ID	数值型	是	

表 6-3 元数据表结构

元数据项	字段名称	数据类型	长度
资源标识符	idGovCode	字符型	50
数据名称	idDataName	字符型	60
版本	idEd	字符型	16
数据格式	idFormatName	字符型	10
摘要	idRk	字符型	512
所属项目	idProject	字符型	60
所有权单位	idOwnEntity	字符型	50
生产单位	idFormDep	字符型	50

（续）

元数据项	字段名称	数据类型	长度
出版单位	idVersionType	字符型	50
坐标单位	idCoordUnit	字符型	4
数据分类	idResType	字符型	20
生产时间	idFormData	日期型	8
更新时间	idUpdateData	日期型	8
出版时间	idPubDate	日期型	8
高程基准	crsVertDatum	字符型	20
大地基准	crsGeoDatum	字符型	30

6.1.4　数据库物理设计

在逻辑设计基础上，考虑到数据资源类型多的特点，为提高数据库系统查询浏览分析效率，针对性地开展数据库的物理存储设计，包括数据库部署设计、数据库存储设计、数据库索引设计等。乡村振兴地理信息综合数据库核心物理架构如图 6-10 所示。

6.1.4.1　数据库部署设计

采用 PostgreSQL 关系型数据库存储表格数据以及各系统运行需要的业务数据，采用 PostgreSQL 关系数据库＋PostGIS 空间扩展存储矢量空间数据，采用 MongoDB 作为 NoSQL 数据库存储各类瓦片数据，文档数据采用 SAN/NAS/FTP 等进行存储管理。

（1）PostgreSQL 集群数据库部署

采用 PostgreSQL Master-Standby Replication 方案进行空间数据、表格数据、日志信息等数据库的部署。主服务器异步地将数据修改发送给后备服务器。当主服务器正在运行时，后备服务器可以进行只读查询。

（2）MongoDB 分布式数据库部署

采用 MongoDB 进行分布式部署，每个节点部署 Mongos 路由服务和 Mongo Config 配置服务，当一个节点宕机时，不影响其他节点运行。同时，采用副本集和分布存储方式，保证数据安全和并发访问。瓦片文件、XML 文件存放到不同的集合，每个集合跨多个数据库节点进行分布式存储。

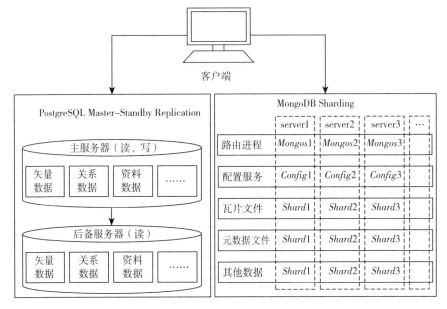

图 6-10　乡村振兴地理信息综合数据库核心物理架构

6.1.4.2　数据库存储设计

（1）分区存储策略

资源库数据存储将采用以下分区策略：

①大数据量数据层按行政层级和行政区进行分区。对于要素数量多、数据量大的矢量图层按乡镇、社区进行分区，分布于不同的物理存储空间，以提高数据访问性能并对数据故障进行有效隔离。

②不同类型数据分区存储。针对不同类型数据划分不同表空间或磁盘存储空间，使用多个物理设备分区可提高数据访问效率，提高数据库性能和稳定性。

③数据和索引分区存储。将数据和索引分开存储，将空间数据索引和属性数据索引分开存储，可以提高数据检索与浏览效率。

（2）文档数据存储设计

在存储设备中设置专门存储区域用来存储各类文档数据。

6.1.4.3　数据库索引设计

为提高各类数据的查询、浏览及多用户应用需求，需要对各类数据建立数据库索引。

（1）属性索引

采用 B+树索引方法，根据时空大数据查询检索需求，为其成果数据表关键属性列或属性列的组合建立索引。一般规则如下：

①如果一个（或一组）属性经常在查询条件中出现，则考虑在这个（或这组）属性上建立索引（或组合索引）。

②如果一个属性经常作为最大值和最小值等聚集函数的参数，则考虑在这个属性上建立索引。

③如果一个（或一组）属性经常在连接操作的连接条件中出现，则考虑在这个（这组）属性上建立索引。

（2）矢量数据索引

矢量数据的空间索引直接采用 R‑Tree 索引，通过一个最小的包含几何体的矩形（外包矩形 MBR）来匹配每个几何体。对于一个几何图层，R‑Tree 索引包含该层上所有几何体的分层 MBR 索引。

在建立表和相关索引时，将表和索引分配在不同的表空间中，将存储空间索引表空间和存储属性索引表空间分开，并将相应的表空间存储到不同的磁盘上，可以分别使用不同的磁盘 I/O，提高访问效率。

（3）瓦片数据索引

MongoDB 数据库默认为元数据集合和瓦片文件集合的 ID 类字段设置了索引。

6.1.5 数据库安全设计

由于管理数据的多样性和多层次性，考虑到用户数据权限、数据保密性等问题，需要对于数据安全性进行特殊处理。依据软硬件支撑平台设计和数据物理存储设计，在逻辑上或者物理上进行安全设置。

6.1.5.1 访问安全控制

（1）基于用户角色的控制

针对各类用户业务特点的不同和数据使用范围的不同，同时兼顾数据资源的共享和数据资源的安全特点。系统对用户进行设计分类，不同的用户具备不同的数据使用范围和权限，具体如表 6-4 所示。

表 6-4 基于用户角色的数据访问授权控制

序号	用户对象	数据权限	功能权限
1	系统管理人员	所有数据，包括空间数、非空间数据、元数据、系统数据	数据入库、数据查询、数据下载、数据删除、数据更新
2	系统业务人员	空间数据、非空间数据、元数据等	数据查询、数据入库、数据更新
3	数据分发人员	空间数据、非空间数据、元数据	数据查询、数据下载、数据分发
4	领导决策人员	所有数据	数据入库、数据查询、数据下载、数据删除、数据更新

（2）基于数据密级的控制

综合数据库中管理了不同类型的数据，很多数据具有相应的密级，需要根据密级对数据进行分级管理，进行严格的访问权限控制，如表 6-5 所示。

表 6-5 基于数据密级的数据访问授权控制

序号	数据密级	用户类别
1	非涉密数据	所有用户
2	秘密数据	在涉密网部署，符合密级数据访问要求的用户，只有在严格的系统授权和登记后才能进行特定数据的访问。
3	机密数据	
4	绝密数据	

6.1.5.2 存储安全设计

不同密级的数据存储部署在不同的存储设备上，实际应用中把数据库管理系统分别部署在不同密级的网络上、不同密级的存储设备上。从数据安全角度进行如下存储设计：

①按不同密级划分网段，不同密级的信息存储与传输在物理或逻辑上进行隔离，对电子政务网和外部信息发布数据进行分别存储。

②由于严格的物理隔离将造成使用不方便、管理复杂、信息无法共享，对于电子政务内网秘密和机密级数据统一存储，对不同密级信息的访问控制主要由应用系统完成。

③对于涉密信息，做特殊考虑，存储绝密信息的主机和网络在物理上与其他网络隔离。

6.1.5.3 数据保密设计

大数据综合管理系统在安全保密性设计方面采取的措施有：对于特殊数据采用存储加密的形式，从根本上保障数据的安全性；系统对用户的数据权限和功能权限等设置分级访问，一般用户不能接触涉密数据；系统的用户和密码在传输和存储的过程中进行加密，保障用户信息的安全和保密性。

6.2 资源数据库建库设计

6.2.1 总体要求

（1）数学基础要求

平面基准：数据库中采用 2000 国家大地坐标系（CGCS 2000）地理坐标，以度为单位，用双精度浮点数表示。以文件形式存储的各类资源数据采用 2000 国家大地坐标系（CGCS 2000）地理坐标，以度为单位，用双精度浮点数表示。

高程基准：采用 1985 国家高程基准，高程单位为米，保留 2 位小数。

（2）数据精度要求

矢量数据统一采用 2000 国家大地坐标系统，经纬度采用"度"为单位，至少保留 9 位小数，其中数据集分辨率采用默认值 0.000000001，容差采用默认值 0.00000008983153。

（3）数据内容要求

数据是经过标准化、规范化处理后的空间数据，数据格式、空间参考、属性结构及属性取值应严格满足项目标准规范要求。

6.2.2 建库对象

根据标准规范及实际的数据情况进行资源数据库的创建，入库对象主要包括基础地理数据、自然资源数据、地名地址数据和乡村振兴专题数据。

（1）基础地理数据

①包括乡村1∶2 000框架要素、0.2米航飞影像数据，采用航测法更新区划、道路、居民地、植被、水系、地名等框架要素。

②包括城区和重点园区倾斜摄影三维模型，对城区核心区域、重点园区、重点景区范围进行0.05米分辨率的倾斜摄影三维建模，乡镇政府驻地制作720度全景影像（含空中和地面全景）。

③基础地理信息数据，城区1∶500地形数据、城区和郊区1∶2 000地形图、全域1∶10 000基础测绘数据、2米格网全域高程数据、0.2米和0.5米分辨率全域影像数据等，整体现势性达到当年。

（2）自然资源数据

以自然资源普查、登记、确权等数据为基础，统筹测绘地理信息数据资源，通过融合全域多比例尺、多部门的自然资源普查数据，形成完整覆盖乡村"山水林田湖草"等自然禀赋和空间特征的乡村振兴自然资源工作底图，区别于数字乡村地理信息公共服务平台的线划地图。主要数据有村庄1∶500宅基地数据、农村土地承包经营权确权登记1∶2 000数据、水利资源数据（水库、河道、水利工程等）、土地利用现状数据、多年土地变更数据、国有存量建设用地数据、国情普查数据等。

（3）地名地址数据

数据主要来源为民政部门的地名数据、公安部门的地址数据、测绘部门的地名地址与POI数据。

（4）乡村振兴专题数据

乡村振兴专题数据来自不同的政府部门，包括乡村产业振兴专题数据、乡村生态振兴专题数据、乡村文化振兴专题数据、乡村人才振兴专题数据和乡村组织振兴专题数据等。此部分数据需要进行空间化、标准化处理，形成乡村振兴时空专题数据。

6.2.3　建库流程

管理方式的差异导致资源数据库不同类型数据采用不同的建库流程

（图6-11）。采用时空数据模型进行管理的数据，建库步骤包括时空数据模型创建、数据更新入库和数据版本注册等。成果影像数据与栅格地形数据采用镶嵌数据集进行版本化管理，建库步骤包括数据整理、镶嵌数据集创建和数据入库等。乡村振兴专题数据采用要素数据集进行版本化管理，建库步骤包括数据整理、要素数据集创建和数据入库等。资源数据库三维数据的建库流程包括数据整理、文件数据集创建和数据入库等步骤。

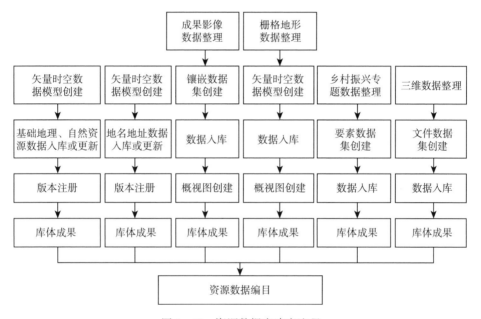

图6-11　资源数据库建库流程

6.2.4　资源数据整理

矢量数据在建库之前检查数据的图层、属性结构、空间参考等是否符合资源数据规范要求，无需其他数据整理工作。

成果影像数据在入库之前需要对成果影像数据按分辨率-时相进行文件组织，检查金字塔、空间参考是否缺失，无效值是否赋值正确，若存在问题，则进行影像数据的完善处理。影像数据处理完毕后上传共享存储。栅格地形数据在入库之前的整理内容与成果影像相同。

乡村振兴专题数据入库前需要进行大量数据整理工作，主要包括规范化处理、标准化处理和空间化处理。

6.2.5　资源数据建模

通过创建矢量时空数据模型为地理空间要素数据进行库体准备，定义数据模型名称以及要素唯一标识字段，创建完成后系统生成现势数据集与增量数据集用于存储地理空间现势数据和更新数据，二者逻辑上作为一个整体，数据集的图层构成、字段构成依据资源数据规范。采用同样的方式为地名地址数据进行库体准备。

通过创建镶嵌数据集为成果影像数据进行库体准备，需要定义空间参考、像元类型、无效值等基本信息。一个镶嵌数据集存储特定分辨率下特定年份影像数据的元数据、空间范围和路径等信息，文件实体位于共享存储，需要创建多个镶嵌数据集，满足所有分辨率所有年份影像数据的管理需求。栅格地形数据的建模过程与成果影像一致。

通过创建要素数据集为乡村振兴专题数据进行库体准备，需要定义数据集名称、空间参考、图层与字段构成（基于数据模板）等信息。一个要素数据集存储特定部门特定年份的乡村振兴专题数据，需要创建多个要素数据集，满足乡村振兴专题数据的管理需求。

三维数据的建模流程采用文件数据集方式。

6.2.6　资源数据入库

通过数据入库功能将本底数据写入相应时空数据模型的现势层。本底数据入库完毕后，进行初始版本的注册。地理空间要素数据更新维护时，通过增量更新功能将更新包写入时空数据模型，完成现势层与增量层的更新，并按需进行版本数据的注册。通过版本数据注册，提升时空数据应用的访问效率。

基于入库方案实现成果影像的批量入库。入库方案定义了待入库数据格式、目标数据库、目标数据集、元数据等信息。栅格地形入库方式与成果影像相同。乡村振兴专题数据同样采用方案入库形式，相比影像数据入库，入库方案中增加了待入库数据与库内数据的图层匹配关系。

三维数据入库实现元数据、空间范围信息的入库，文件实体上传共享存储并与元数据和空间范围信息进行关联。

6.3 服务数据库建库设计

6.3.1 总体要求

（1）数学基础要求

平面基准：数据库中采用 2000 国家大地坐标系（CGCS 2000）地理坐标，以度为单位，用双精度浮点数表示。以文件形式存储的各类资源数据采用 2000 国家大地坐标系（CGCS 2000）地理坐标，以度为单位，用双精度浮点数表示。

高程基准：采用 1985 国家高程基准，高程单位为米，保留 2 位小数。

（2）数据精度要求

矢量数据统一采用 2000 国家大地坐标系统，经纬度采用"度"为单位，至少保留 9 位小数，其中数据集分辨率采用默认值 0.000000001，容差采用默认值 0.00000008983153。

（3）数据内容要求

包含矢量要素数据、矢量索引数据和切片数据，数据格式、空间参考、属性结构及属性取值应严格满足项目标准规范要求。

6.3.2 建库对象

服务数据库由电子地图（矢量瓦片）、影像瓦片、地形栅格瓦片、地名地址、三维地形、乡村振兴专题等数据组成。

6.3.3 建库流程

通过资源库数据的处理加工形成服务数据内容，不同类型的服务数据采用不同的建库流程。各类服务数据的建库流程如图 6-12 所示。

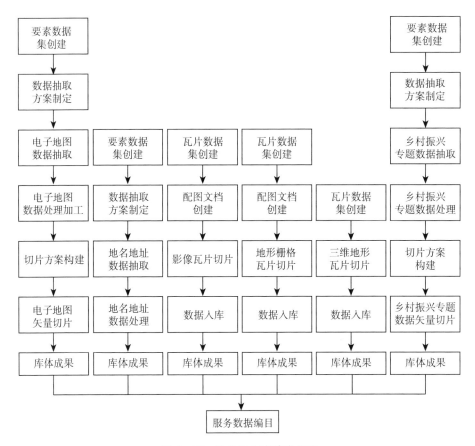

图 6-12　服务数据库建库流程

6.3.4　服务数据整理

（1）电子地图数据

定义电子地图数据抽取方案，将资源库矢量要素数据抽取至服务数据库，在抽取过程中进行图层与字段映射。服务库抽取的成果需要进一步进行数据融合、注记换行等处理，以达到电子地图应用要求，即形成矢量形式的电子地图数据成果，为后续切片提供数据支撑。

（2）地名地址数据

定义地名地址数据抽取方案，将资源库地名地址数据抽取至服务数据库，基于地理编码服务与 POI 服务对数据的要求，进一步对数据抽取结果进行处理。

（3）影像瓦片数据

定义地图显示方案，该方案引用一个或多个镶嵌数据集，控制影像数据的显示效果，为后续影像切片提供工作基础。

（4）地形栅格瓦片数据

数据整理内容与影像瓦片数据相同。

（5）倾斜三维瓦片数据

无需额外整理工作。

（6）乡村振兴专题数据

定义乡村振兴专题数据抽取方案，将资源库乡村振兴专题数据抽取至服务数据库，并面向矢量瓦片服务发布进行进一步的数据处理。

6.3.5　服务数据建模

矢量瓦片切片过程中自动创建矢量瓦片数据集，因此无须为电子地图数据、乡村振兴专题数据手动准备库体结构。

通过创建瓦片数据集为影像瓦片、地形栅格瓦片和倾斜三维瓦片进行库体结构准备，需要定义数据集名称、空间参考等信息。

通过创建要素数据集为矢量形式电子地图数据、矢量形式乡村振兴专题数据和地名地址数据进行库体结构准备。

6.3.6　服务数据入库

基于矢量切片方案，在数据切片过程中直接进行数据入库。影像瓦片、地形栅格瓦片和三维瓦片等切片成果通过瓦片入库功能进行入库管理。

6.4　数据资源更新设计

资源数据库基础地理数据、自然资源数据、地名地址等核心矢量数据采用区域级增量更新形式进行数据内容的现势性维护。相比传统版本式更新，增量更新在更新过程中记录更新变化信息，包括更新状态和更新时间，仅对发生变化的要素进行更新、质检、汇交和入库，有效提高更新效率及成果质量，便于多时态的数据应用。数据资源更新流程如图 6-13 所示。

变化要素更新类型与更新时间信息可在更新生产时通过作业端软件自动进行赋值。

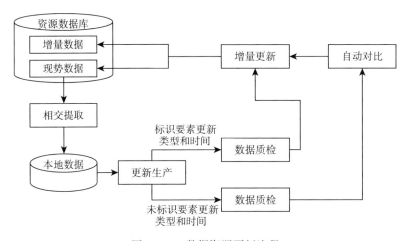

图 6-13　数据资源更新流程

采用版本形式时空化管理资源库数据，不同版本数据采用不同的数据集进行存储。服务库的瓦片类数据每一张瓦片由行号、列号、层级和版本号唯一定义，多个版本的瓦片数据存储于同一个数据集。

6.5　综合数据库管理系统建设

6.5.1　系统概述

综合数据库管理系统具备基础的数据存储、组织和管理功能，采用混合存储架构，综合利用空间数据库、分布式 NoSQL 数据库、分布式文件系统构建统一的数据存储资源池，并提供地理空间数据模型、访问接口、编目组织及用户授权功能，满足海量、多源、异构数据统一存储管理需求及不同业务场景的数据访问需求。综合数据库管理系统实现对矢量数据、影像数据、地形数据、表格数据、文件数据和数据服务的一体化管理维护，统筹资源数据库和服务数据库建设，实现数据全生命周期管理，充分满足乡村振兴各类业务应用场景下对于数据资源支撑需求。

6.5.2　系统构成

综合数据库管理系统包含数据建库、配置管理、浏览查询、数据更新、数据提取、服务发布等功能，如图6-14所示。

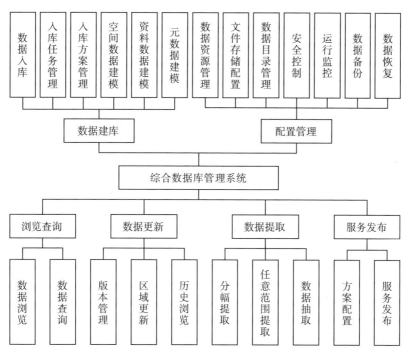

图6-14　综合数据库管理系统构成

6.5.3　功能设计

6.5.3.1　数据建库

（1）模块定位

数据建库模块面向空间、关系、文件、瓦片等多源数据一体化管理需求，提供数据模型构建能力，包括空间数据建模、资料数据建模、元数据建模、入库方案管理等功能。通过数据建库模块可快速实现数据的模型构建，并在数据库中完成存储结构和存储空间的准备。提供各类矢量数据、表格数据、瓦片数据、文件资料数据的入库功能。针对不同类型数据配置个性化入库方案，基于方案—任务工程化作业模式进行多任务并行入库，确保数据入库高效可靠。

（2）模块用户

管理用户，分配用户的功能权限和数据访问权限。

（3）模块组成

①空间数据建模。采用可视化工具定义空间数据库库体结构，包括图层组织、图层名称、图层字段结构等。

②资料数据建模。采用可视化工具定义文件组织结构、数据包元数据项、文件数据集模型等。

③元数据建模。包括元数据项全集管理和元数据模板管理。

④入库方案管理。配置待入库数据解析插件、目标数据库、目标数据、图层匹配关系等参数。

⑤入库任务管理。基于入库方案构建入库任务，提供任务创建、修改和删除功能，监控入库任务执行情况及查看已完成任务的信息。

⑥数据入库。基于入库任务手动或自动开展入库活动。

6.5.3.2 浏览查询

（1）模块定位

以数据目录为依托实现资源库和服务库中多类型数据的综合查询与浏览。

（2）模块用户

管理用户，分配用户的功能权限和数据访问权限。

（3）模块组成

①数据浏览。提供不同类型、不同版本数据的叠加显示功能，支持图层显示顺序、显示比例尺等设置，并提供数据快照打印功能；提供通用GIS工具条，包括放大、缩小、漫游、全景、前一视图、后一视图、信息查询、量测工具等，以及图例、"鹰眼"等辅助浏览功能。

②数据查询。提供属性查询、空间属性组合查询、SQL查询、缓冲区分析查询、元数据查询等，支持图形属性互查及地名查询。

6.5.3.3　数据更新

（1）模块定位

数据更新：提供区域级数据替换更新，从更新范围上，划分为标准图幅替换和任意区域替换。

（2）模块用户

数据更新作业员：具有数据更新、历史回溯查看的权限。

（3）模块组成

①区域更新。提供区域级数据增量更新，并在数据更新过程中记录不同时期要素的增、删、改操作，以便对整个数据的变化过程进行历史回溯与对比分析。

②版本管理。通过选择图层创建一个时期的版本，从而形成一个历史版本数据。提供基于图层版本的数据信息查看。

③历史浏览。提供对各个历史时期数据的浏览回溯，包括历史版本浏览和对比浏览功能。

6.5.3.4　数据提取

（1）模块定位

实现资源库、服务库数据的提取分发，提供按范围和按图幅两种形式提取基础地理要素数据、地名地址数据、专题数据等的功能，提供按范围和按级别提取瓦片数据的功能，支持文件资料数据的提取。除了常规数据提取外，采用 ETL 技术，通过定制数据提取方案，包括图层映射、字段映射、代码映射等，实现库到库之间的快速数据转换。

（2）模块用户

数据提取管理员：提取数据提取范围、指定数据访问权限、指定数据提取权限及对应的提取范围、数据内容的数据库数据的提取。

（3）模块组成

①分幅提取。将选中的图幅范围内的矢量数据按照设定参数导出。

②任意范围提取。提供矩形、多边形等任意范围相交/包含数据的提取。

③数据抽取。通过定制数据提取方案，包括图层映射、字段映射、代码映射等，实现库到库之间的快速数据转换。

6.5.3.5 服务发布

（1）模块定位

服务发布模块通过与服务引擎对接，提供服务库各类服务数据发布的能力，支持发布地图服务、瓦片服务（栅格瓦片与矢量瓦片）、地理编码服务、POI 服务、目录服务等。

（2）模块用户

服务发布作业员：具有数据配图、服务发布的权限。

（3）模块组成

①方案配置。提供地图渲染方案配置。

②服务发布。提供基于渲染方案的服务数据发布。

6.5.3.6 配置管理

（1）模块定位

定位于系统功能的配置管理及安全运行监控、维护。

（2）模块用户

系统管理员用户。

（3）模块组成

①数据资源管理。数据资源管理和文件存储管理提供对空间数据、关系数据、文件数据、服务数据的管理能力。空间数据管理包括创建、打开、关闭空间数据库，以及创建、注册、注销、删除各类数据集，包括要素类、要素数据集、镶嵌数据集、时空数据模型等。关系数据管理包括创建、打开、关闭关系数据库，关系表的管理操作包括创建、注册、同步、注销、删除、复制、粘贴、字段维护等。文件数据管理包括创建、删除文件数据库，创建、删除文件数据集等，支持 FTP、共享目录等多种物理存储形式。服务数据管理采用 MongoDB 等 NoSQL 数据库，支持瓦片数据集、名址数据集、配图文档等的创建、删除以及标准 OGC 服务的接入。

②文件存储配置。文件存储配置包括对要存储的文件及其基本信息的创建、删除和修改。这些文件信息包括文件类型、文件名称、文件访问地址、访问权限、文件用途等信息。其他应用系统访问文件时，要先通过文

件存储配置查验文件的基本信息，特别是访问权限，然后才能通过访问地址访问文件。

③数据目录管理。数据编目管理在存储管理基础上将物理存储与逻辑组织剥离，提供面向业务应用的数据目录的配置能力，实现来自不同数据库、不同存储的空间数据集、表格数据集、文件数据集、瓦片数据集及数据服务的统一编目。具体包括目录条目信息维护（添加目录节点、图层节点）、图层属性配置（包括渲染方式、是否可见、是否可选择、是否可查询等信息）、图层显示顺序配置等功能。

④安全控制和运行监控。安全控制和运行监控通过功能权限、数据访问权限、记录用户在线状态和用户操作日志来保障数据安全和系统运行安全。

⑤数据备份。提供空间数据、关系数据、服务数据的备份，将数据库中的各类数据以文件形式备份到本地，以文件形式存储的文档数据支持从存储磁盘备份到备份磁盘。

⑥数据恢复。提供空间数据、关系数据、瓦片数据的恢复，将指定的备份数据文件恢复到指定的数据库中，支持将指定的备份文件从备份磁盘恢复到指定的存储磁盘。

6.5.3.7　关键指标

（1）分布式与混合存储架构

综合运用空间数据库、关系数据库、NoSQL 数据库和分布式文件系统实现矢量、影像、地形、表格、瓦片、文件资料等结构化、半结构化和非结构化数据的存储管理。每一类数据适配最优存储形式，满足不同应用情景的高效数据访问需求。

（2）多源数据一体化集成

在混合存储架构的基础上进行物理存储模型与逻辑数据模型的层次划分，基于逻辑数据模型构建统一的数据编目体系，实现多来源、多类型、多尺度、多时相空间数据的统一管理和集成应用。

（3）矢量数据动态更新与时态数据管理

在时空数据模型以及增量更新技术的支撑下，对比发现数据在不同时间点的变化情况，实现对不同时期数据的浏览查询与统计分析。

（4）海量影像数据动态镶嵌与时态管理

采用镶嵌数据集模型管理海量影像成果数据，影像实体存储于文件系统，空间范围信息与元数据存储于空间数据库，并建立二者的关联，充分发挥了文件系统和数据库系统的优势，实现海量影像的快速浏览查询和高效提取分发。

（5）基于集群计算的数据并行入库与出库

基于分布式的集群计算技术，通过任务拆分、数据调度与计算调度，实现海量空间数据的快速入库与出库。在数据体量增大时，可通过简单地增加设备保证数据入库与出库的效率。

6.6　本章小结

本章从实践的角度提出了乡村振兴核心数据库的建设思路、方法和示例。首先，对数据库进行设计，包括数据库的总体设计、概念设计、逻辑设计、物理设计和安全设计。其次，对大数据资源数据库和大数据服务数据库分别进行了设计，阐述了两类数据库的建库对象、建库流程、资源数据整理、建模和入库的详细方法和步骤。再次，对数据资源的更新进行设计，包括更新方法、更新周期等。最后，从核心数据库的管理和使用的角度对综合数据库管理系统进行设计，详细阐述了该系统包含的功能，每个功能需要完成的业务事项。

第7章

大数据助力产业振兴案例

——食用菌（黑皮鸡枞菌）工厂化生产数字孪生系统

　　食用菌产业在中国的持续增长和扩张为种植业带来了新的活力和发展动力，据中国食用菌协会统计，2022 年中国食用菌总产量达到 4 133.96 万吨，仅次于粮、棉、油、菜、果产业，成为种植业第六大产业，食用菌产业正逐渐成为农业的重要组成部分。随着食用菌需求量不断增加和现代农业技术的应用，食用菌产业逐步从传统的作坊生产向工厂化生产模式转变。工厂化生产规模持续扩大，各地的生产企业数量也在逐年增加。以山东省为例，食用菌产业发展迅速，厂商数量从 2010 年的 20 余家增至 2021 年的 130 余家，其中 95 家企业已实现工厂化生产。这种工厂化生产模式的推行不仅提高了食用菌的产量，改善了产品质量，还有效降低了生产成本，推动了食用菌产业的现代化和产业升级。当前，食用菌工厂化生产技术正朝着数字化方向迈进，但在实际工厂化生产过程中，食用菌产业仍然面临着智能化程度低、实时监测性差、决策主要靠经验等问题。

　　为解决这些问题，本研究将数字孪生技术与工厂化生产相结合，并融入时序预测模型，旨在改善工厂化生产监测性差、产量预测难等问题。数字孪生技术是推进企业智能化转型的关键工具，已成为各领域研究和应用的热点。其核心在于能够通过数字化方式生成物理实体的虚拟模型，实现对实际系统的实时仿真、监测和优化，从而达到虚拟与现实之间的互动反馈和数据融合分析。这项技术能够帮助实体系统在数字世界中进行模拟和预测，从而优化其运行和管理，常用于工厂车间监测、农业环境监测等。而时序预测模型作为一种有效的预测工具，能够分析历史数据并预测未来的产量趋势,以此来帮助生产企业更准确地制定生产计划和资源调配策略。通过将这两种技术相结合,利用数字孪生技术对工厂生产过程进行实时监测与数据分析,获取相关数据并建立时序预测模型,可以实现更准确地产量预测,进而提高生产效率和管理水平。

7.1 数字孪生技术

数字孪生技术是一种将物理系统与物理系统的数字化虚拟仿真相结合的技术。它通过建立实际系统的数字化副本,将实时数据、物理模型和智能算法相结合,实现对实际系统的准确模拟、预测和优化。数字孪生技术的概念源于生物学中孪生子之间的相似性,这个概念最初是在 2003 年由 Grieves 教授提出。随着时间的推移,2010 年正式确立了数字孪生这一概念,在这之后,许多学者纷纷对其进行了各种尝试和探索,如针对未来飞行器的数字孪生体概率仿真模型、基于数字孪生的有限元模型、数字孪生实现模型等。这些研究和实践不仅丰富了数字孪生技术的理论基础,也为其发展提供了有力的实践支持,打下了坚实的基础。数字孪生技术的核心在于它不仅仅复制了物体的外在形状,更重要的是能够模拟其内在的物理属性和行为逻辑以及它们在特定环境下的相互作用。这种全面的模拟为解决复杂系统中的问题提供了可能,如预测设备故障、优化产品设计、提高生产效率等。

随着技术的演进,数字孪生已经从最初的三维模型,发展到包含更多维度的复杂系统。五维数字孪生模型的提出,标志着数字孪生技术向更高层次的发展。该模型不仅涵盖了物理实体、虚拟实体及它们之间的连接,还引入了孪生数据和服务两个维度,显著拓展了数字孪生的功能和应用范围。孪生数据是指在数字孪生模型中生成和使用的所有数据,包括但不限于传感器数据、操作数据、环境数据等,这些数据是数字孪生模型运行和优化的基础。而服务则是指数字孪生技术为用户提供的各种功能,如数据分析、预测维护、优化建议等,这些服务能帮助用户更好地利用数字孪生模型,提高决策效率和准确性。

数字孪生技术的迅速进步得益于信息技术的快速发展，特别是物联网、云计算、大数据和人工智能等领域的不断成熟，使数字孪生技术成为推动各行业发展的重要引擎。云计算提供了强大的数据存储和计算能力，为处理大规模复杂模型提供了可能性；大数据技术则为数字孪生模型提供了丰富的输入数据，使模型能够更加精确地反映现实世界；物联网技术通过各种传感器实时收集物理实体的状态数据，为数字孪生模型的实时更新和同步提供了可能；人工智能技术，特别是机器学习和深度学习，使数字孪生模型能够从数据中学习和适应，提高了模型的智能水平和应用效果。

7.1.1　数字孪生使用到的技术

数字孪生技术集成了多种先进技术，用于构建和模拟物理实体在数字空间中映射的系统，如图 7-1 所示，它充分利用物理模型、传感器更新、运行历史等数据，通过集成多学科、多物理量、多尺度、多概率的仿真过程，为实体装备的全生命周期过程提供了全新的管理和优化手段。数字孪生所使用到的技术主要有以下方面。

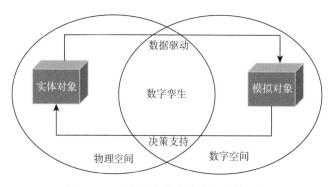

图 7-1　数字孪生技术构建的映射系统

（1）3D 建模技术

数字孪生需要对物理系统或过程进行精确建模，这是实现其功能的基础。3D 建模技术通过使用专业的建模软件，能够构建出与真实物理系统相对应的虚拟模型。这些模型不仅具有高度的真实感，还能够准确地反映物理系统的结构和功能。在数字孪生中，3D 建模技术被广泛应用于产品设计、产品制造等领域，为后续的仿真和分析提供了基础。

（2）现场数据采集技术

为了验证数字化模型的准确性，数字孪生需要采集物理空间现场数据，这通常通过传感器等现场数据采集技术实现。传感器能够实时获取物理系统的状态信息，如温度、光照、湿度等，并将这些数据传输到数字孪生系统中。通过对这些数据的分析，可以验证数字化模型的准确性，并对其进行优化。现场数据采集技术的准确性和实时性对于数字孪生的性能至关重要。

（3）数据分析和处理技术

现场采集到的数据需要进行处理和分析，以提取有价值的信息。数据分析和处理技术包括数据挖掘、机器学习、统计分析等方法。通过对数据的处理和分析，可以发现物理系统的潜在问题，预测其未来的性能和行为，为优化和决策提供支持。在数字孪生中，数据分析和处理技术被广泛应用于生产监测、设备故障预测、维护计划制定等领域。

（4）虚拟现实技术

虚拟现实技术为数字孪生提供了沉浸式的交互体验。通过虚拟现实技术，用户可以在虚拟环境中直观地查看物理系统的运行状态和性能，并与其进行交互。这种交互方式使用户能够更深入地了解物理系统的特点，为设计、制造和维护提供有力支持。在数字孪生中，虚拟现实技术被广泛应用于产品展示、设计评审等领域。

（5）模拟仿真技术

模拟仿真技术是数字孪生的核心。它通过对物理系统或过程进行模拟和仿真，验证数字化模型的准确性，并根据仿真结果进行优化。模拟仿真技术可以帮助预测物理系统的性能和行为，为设计和制造提供指导。在数字孪生中，模拟仿真技术被广泛应用于产品设计、制造过程优化等领域。通过使用模拟仿真技术，企业可以在产品制造之前预测其性能和行为，从而提前发现潜在问题并进行优化。

（6）人工智能技术

人工智能技术为数字孪生提供了强大的智能支持。通过将人工智能技术应用于数字孪生中，可以实现设备的智能预测、优化和维护。例如，机器学习技术可以用于预测设备的故障趋势，提前进行维护和修理，降低生产中断的风险。此外，人工智能技术还可以对海量数据进行分析和处理，提取出有价值的信息，为决策提供支持。在数字孪生中，人工智能技术被广泛应用于设备监控、预警、维护等领域。

（7）云计算技术

云计算技术为数字孪生提供了高效的数据处理和计算能力。由于数字孪生需要处理大量的数据和进行复杂的计算，因此需要使用云计算技术来实现高效的数据处理和计算。通过云计算技术，数字孪生可以实现快速的数据传输、存储和处理，提高系统的效率和准确性。此外，云计算技术还可以实现资源的共享和协同工作，促进数字孪生在多个领域的应用和发展。

所以，数字孪生是一个集成了多种先进技术的复杂系统。它通过 3D 建模技术构建虚拟模型，通过现场数据采集技术获取实时数据，通过数据分析和处理技术提取有价值的信息，通过虚拟现实技术提供沉浸式的交互体验，通过模拟仿真技术预测和优化物理系统的性能和行为，通过人工智能技术提供智能支持，通过云计算技术实现高效的数据处理和计算能力。这些技术的结合应用使数字孪生能够在产品设计、生产、维护等多个领域发挥重要作用，为各类应用场景提供更高效、更精准、更智能的管理和优化手段。

7.1.2　数字孪生在农业方面的应用

数字孪生在农业方面的应用目标是提高农业生产的智能化水平、促进农业资源的高效利用和农业环境的可持续发展等，主要表现在以下方面：

（1）智慧栽培与数字育种

通过模拟作物生长环境和过程来优化育种和栽培策略。例如，创建作物的数字孪生模型，在虚拟环境中测试不同的种植条件、作物品种和栽培技术，以提高作物产量和质量。

（2）环境智能控制

利用数字孪生系统实时监控和智能控制农业环境。例如，在植物工厂中，通过物联网技术收集数据，创建生产系统的数字孪生，实现对光照、温度、湿度等环境因素的精确控制，确保作物在最佳条件下生长。

（3）农技教育培训

结合 AR/VR 等技术，为农业教育和培训提供新途径。例如，学生和农民可以在虚拟的数字孪生系统中进行田间观测和栽培试验，模拟训练提供多种情景下的可行性，并增强沉浸感和体验感。

（4）作物生产系统的智慧管控

基于农业生产系统产生的数据流，实现实时态势感知、超实时虚拟推演和全程交互反馈。例如，可以有效监控作物生长周期、预警病虫害，并优化农业生产资源的配置。

（5）精准农业

实时监控和智能分析农田土壤、作物生长状况、气候变化等多维度信息，指导农业生产人员进行精准播种、灌溉、施肥和收割，提高农业生产的效率和可持续性。

（6）农业供应链管理

管理和优化农产品从田间到餐桌的整个供应链，包括农产品的追踪溯源、质量控制、物流优化等，确保食品安全和提高市场响应速度。

（7）农业政策制定与规划

为政府和农业规划者提供决策支持。例如，通过模拟不同的农业政策和规划方案，预测其对农业生产、农民收入和环境保护的影响，制定更加科学合理的农业政策。

总之，数字孪生在农业方面的应用不仅提高了农业生产的智能化和精准化水平，还有助于实现农业资源的合理利用和农业环境的可持续发展。随着技术的不断进步和应用的深入，数字孪生将在农业领域发挥越来越重要的作用。

7.2 黑皮鸡枞菌工厂化生产数字孪生系统需求分析

7.2.1 目标用户分析

黑皮鸡枞菌工厂化生产数字孪生系统的目标用户主要包括以下几类：

①生产基地管理者。管理者需要对整个生产过程进行监督和管理。系统可为他们提供实时监测生产过程、数据分析、产量预测等功能，帮助他们更好地管理生产流程、优化资源配置，提高生产效率和产品质量。

②生产技术人员。生产技术人员负责食用菌生产过程中技术指导和实施工作。系统可以为他们提供实时监控、数据采集和分析，帮助他们了解生产环境的实时状态，及时调整生产参数，确保生产的稳定性和高效性。

③品质控制人员。负责监督生产过程中产品质量控制工作。系统可以帮助他们实时监测生产过程数据，及时发现问题并采取措施，确保产品质量达标。

④市场营销人员。负责推广和销售黑皮鸡枞菌。系统的数据分析和预测功能可以为市场营销人员提供市场需求预测和销售策略制定的参考，帮助他们更好地开拓市场。

⑤研发人员。负责黑皮鸡枞菌研发和创新。系统的数据分析功能可以为研发人员提供相关数据支持，帮助他们进行产品研发和优化，提高产品竞争力。

7.2.2　系统功能需求分析

黑皮鸡枞菌工厂化生产数字孪生系统的设计目的在于解决实时监测性差、产量预测难等问题。因此，在系统需求分析中，除了关注用户体验外，重点应着眼于设备管理效率、数据可视化、实时监测与分析以及预测准确性等方面。系统功能需求如图7-2所示。

（1）场景漫游功能

提供在虚拟空间中自由查看的功能，用户可以根据需要在场景中自由移动视角，全面观察各个工序的设备运行情况、黑皮鸡枞菌生长情况以及工厂内部的布局和设施。

（2）生产数据实时采集与存储功能

提供黑皮鸡枞菌生产现场数据实时接入和存储功能。将采集的数据存储到系统数据库中，为后续产量预测提供数据支撑。

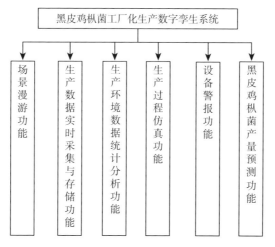

图 7 - 2　系统功能需求

（3）生产环境数据统计分析功能

提供数据统计和分析功能。能够将实时采集到的数据汇总并以图表形式展示，使用户能够通过直观的图表了解生产情况，提高生产过程的可视化程度和数据分析效率，提高实时监测能力。

（4）生产过程仿真功能

提供黑皮鸡枞菌工厂化生产过程仿真功能。通过该功能，可以实现对黑皮鸡枞菌工厂化生产的全流程生产工序仿真。仿真过程中，系统将模拟真实的生产环境和工艺参数，以便用户在虚拟环境中进行实时观察和优化生产流程。此外，用户还可以根据需要对仿真环境和参数进行调整，以模拟不同场景下的生产情况，并通过仿真结果评估不同方案对生产效率和产品质量的影响，为实际生产提供决策参考。

（5）设备警报功能

提高设备异常警报功能。当设备出现异常或运行情况不佳时，在前端页面中提示设备异常警报，使工作人员及时发现并处理异常情况，提高设备管理效率和生产的稳定性。

（6）黑皮鸡枞菌产量预测功能

该功能引入 Transformer 模型，通过数据采集设备获取环境数据，可实现对不同环境参数下黑皮鸡枞菌的产量预测。系统能够及时根据预测结果对环境参数进行调整，以确保黑皮鸡枞菌在最适宜的环境中进行培育，从而提高其产量和质量。

7.2.3 系统数据分析

在本系统中，数据包括三维建模数据和黑皮鸡枞菌工厂化生产数据。其中，三维建模数据涵盖了设备和车间的实际尺寸、物理结构、空间位置等信息，为用户提供真实的环境感知。而黑皮鸡枞菌工厂化生产数据则包括设备运行数据、生产环境数据、生产业务数据等。

（1）三维建模数据

三维建模数据主要用于车间和设备的三维模型构建。因此，在数据采集阶段，车间三维数据需要包括物理结构、实际尺寸和空间位置等信息，而设备三维数据则需要包括设备结构、实际尺寸以及设备在运行时的行为和规则等。为确保准确性，需要精确获取车间和设备的实际尺寸数据，并对其进行适当处理，以便在建模过程中使用。这样处理后的数据将用于构建虚拟模型，从而使所生成的模型能够更加真实和精确地反映实际情况。具体车间和设备的三维建模包括：

①堆料区。

②拌料工序。搅拌机、传送带、基质等。

③装袋工序。装袋机、电机、传送带、输送链条、菌棒不锈钢架、菌棒、塑料筐、红色瓶口、白色瓶盖、菌棒袋等。

④灭菌工序。灭菌锅、操作台、通风系统、安全设施（如紧急停电按钮、安全门锁等）。

⑤冷却工序。冷却架、保温计。

⑥接种工序。液体发酵罐及控制设备、接种机及接种系统等。

⑦培养房。剥棒后的黑皮鸡枞菌菌棒、培植土、菇床、生长灯、温湿度控制设备、通风设备、室外机等。

⑧冷库。制冷设备、岩棉、保温门、控制系统和监控系统等。

⑨削菇室。

⑩其他。厂区内监控设备、路灯、货车、周围地形环境等。

（2）黑皮鸡枞菌工厂化生产数据

黑皮鸡枞菌工厂化生产数据指的是在工厂化生产中产生的各类数据，包括：

①设备运行数据。设备编号、设备状态、状态（运行、待机、故障）、运行开始时间、运行时长、温度、压力等。

②生长环境数据。温度、湿度、二氧化碳浓度、光照强度、通风情况等。

③生产业务数据。生产时产生的拌料数量、装袋数量、接种数量、培养数量、产量等。

7.3 黑皮鸡枞菌工厂化生产数字孪生系统设计

在数字孪生系统开发过程中，系统设计是关键环节，本节将根据需求分析对黑皮鸡枞菌工厂化生产的架构和功能等进行设计，主要包括系统总体架构设计、虚拟建模设计、数据库设计、系统功能设计，为黑皮鸡枞菌工厂化生产数字孪生系统的实现提供前提和依据。

7.3.1 系统设计原则

在黑皮鸡枞菌工厂化生产数字孪生系统设计中，为确保系统安全性、数据保密性及运行平稳性，在进行系统设计时应当考虑以下设计原则：

（1）响应速度快

为了实现虚拟空间与物理实体的通信，需要确保工厂生产的三维可视化场景有快速的响应速度来实时监测设备状态信息和可视化展示。此外，在黑皮鸡枞菌生产过程中，环境参数的微小波动都可能对菌类生长产生显著影响。因此，系统必须具备快速的响应能力，确保在环境条件发生变化时，能够及时做出响应。

（2）数据处理速度快

随着生产规模的扩大和数据量的增加，黑皮鸡枞菌工厂化生产数字孪生系统需要处理的数据量也在不断增长。这些数据包括来自环境传感器的实时数据、图像处理数据及资源使用数据等。因此，系统必须具备高速的数据处理能力，以确保及时而有效地处理大量数据。这种数据处理能力不仅需要系统具备高效的数据存储和检索机制，还需要拥有快速的数据处理算法和实时分析功能，以便快速响应生产过程中的变化和需求。

（3）系统稳定性高

系统的稳定性至关重要，只有系统能够稳定且流畅地运行，工厂管理人员才能更好地利用系统进行设备信息跟踪、生产监测等。因此，黑皮鸡枞菌工厂化生产数字孪生系统设计需要考虑可靠性和容错能力。这样系统才能够在硬件故障、软件错误或外部干扰等情况下，保持正常运行或快速恢复。为此，系统应采用冗余设计、故障检测和自动恢复机制，确保关键组件的备份和故障转移能力。

（4）系统可扩展性高

随着生产需求的变化和技术的进步，系统应能够灵活地扩展其功能和处理能力，便于后期进行维护。这要求系统架构具有良好的模块化设计，以便在不中断现有服务的情况下，进行升级和维护。

（5）数据安全性高

在数据安全方面，系统一般会处理大量数据，包括生产工序生产参数、生产设备数据等。这些数据的泄漏或篡改可能导致生产效率下降和产品质量问题。因此，系统需要采用严格的数据加密措施，以确保数据在传输和存储过程中的安全性。此外，系统应实施访问控制策略，限制非授权用户的访问权限，并通过用户身份验证和权限管理机制来加强数据的保密性。

7.3.2　系统总体架构设计

将数字孪生技术与黑皮鸡枞菌工厂化生产相结合，能够提升生产过程的实时监测能力。考虑到黑皮鸡枞菌工厂化生产的实际情况，基于数字孪生五维模型确定了黑皮鸡枞菌工厂化生产数字孪生系统的总体架构。系统总体架构包含物理实体层、虚拟模型层、孪生数据层和系统服务层。系统总体架构如图7-3所示。

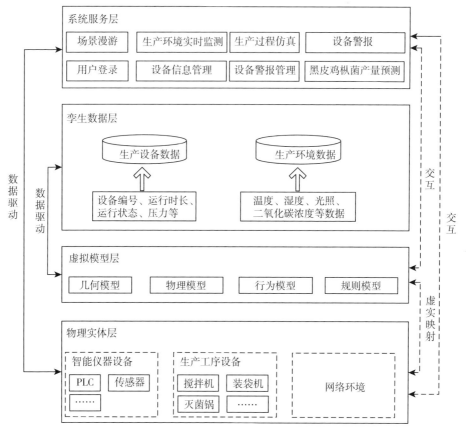

图 7-3 系统总体架构

①物理实体层覆盖了黑皮鸡枞菌厂区生产车间及各类生产设备。与传统食用菌工厂化生产系统相比，黑皮鸡枞菌工厂化生产数字孪生系统不仅具备实时监测和控制功能，还具备全面的生产环境和设备多实体要素集成能力。在实际工厂中，部署多种传感器、数据采集设备、内部传输网络和监控设备用于实时采集黑皮鸡枞菌生产工序的环境参数和车间设备信息等数据，为系统其他层次提供原始数据。物理实体层的设计必须考虑设备的兼容性、可靠性和维护性，以确保生产过程的稳定性和数据采集的准确性。

②虚拟模型层是对真实工厂环境的数字化映射。通过构建数字孪生模型，模拟物理实体层的工厂环境和设备运行状态，实现物理实体在虚拟空

间中的实时镜像。虚拟模型层包括几何模型、物理模型、行为模型和规则模型。通常利用软件如 3D Studio Max、Unreal Engine 5 等，在虚拟的三维场景中对实体进行仿真建模、分析和优化，以模拟物理模型中的生产活动，创造出高度还原真实环境的三维场景。

几何模型采用精细化参数建模技术，描述设备形状、尺寸、位置等信息，精确地再现了生产车间和设备的三维结构；物理模型则根据实体要素的物理属性，模拟设备和环境的物理特性，如温度、湿度和光照；行为模型用于描述系统中各个实体的行为和动作，如移动位置、旋转方向等，以此来建立与物理实体相对应的虚拟模型；规则模型定义了实体设备的操作规则、约束和逻辑，如生产流程规则等，确保数字孪生系统按照真实情况进行运行。

虚拟模型层的设计旨在提供高度仿真的生产环境，用于黑皮鸡枞菌工厂化生产的实时监控、优化和预测生产活动。

③孪生数据层是整个数字孪生系统的核心组成部分，承担着处理和存储来自物理实体层的数据及虚拟模型层的仿真结果的重要任务。这一层涵盖了黑皮鸡枞菌生产工序环境数据、设备数据及虚拟空间三维模型的形状、尺寸和位置等信息。其功能不仅是为物理实体层、虚拟模型层及系统服务层提供数据支持，还是为系统的实时监测提供高质量、准确的数据信息。

在孪生数据层的设计中，数据一致性、实时性和准确性是至关重要的考量因素。确保从物理实体层和虚拟模型层获取的数据具有高度一致性，可以有效地支持系统的实时监测。同时，数据的准确性直接影响着系统分析和产量预测的结果，因此必须通过可靠的数据采集和处理手段来确保数据的准确性。

④系统服务层是用户与系统交互的界面，提供设备管理、视图切换、黑皮鸡枞菌生产工序数据实时采集与存储、数据统计分析、黑皮鸡枞菌产量预测等功能。通过孪生数据驱动虚拟模型变化，实现虚拟空间与物理空间实时联动，完成黑皮鸡枞菌生产设备在虚拟空间中的生产运行。用户可以通过实时数据传输，在三维场景中监控生产过程和环境变化，为生产管

理提供更加全面和可靠的支持。

7.3.3　虚拟建模设计

在黑皮鸡枞菌工厂化生产数字孪生系统的开发中，选择中等精细度模型进行建模，以满足建模需求并兼顾计算资源和时间的有效利用。中等精细度模型具有适度的详细程度，能够在考虑系统各方面因素的基础上提供足够准确的模拟结果。在建模过程中，需要考虑几何-物理-行为-规则多个维度。将物理实体划分为三类，包括工厂场景、生产设备、黑皮鸡枞菌，通过对这三类实体进行建模，结合 Unreal Engine 5 的实时渲染和物理仿真功能，为实时监测、产量预测和生产过程仿真提供可靠支持。

7.3.3.1　工厂场景建模

在进行工厂几何建模之前，首先需要对黑皮鸡枞菌厂区的整体布局进行全面了解，并收集相关数据，包括厂区平面图、设备配置、生产工序流程、人员和物料流动等信息，这些数据将有助于确保模型的准确性和真实性。其次使用 3D Studio Max 对工厂区域进行基本建模，包括堆料区、拌料工序、装袋工序、灭菌工序、冷却工序、接种工序、培养房、冷库等9个生产工序62个车间，办公区、更衣室、变电站等8个厂区建筑物，同时也需要考虑周围环境和地形。完成几何建模后，需要根据墙体、屋顶等物理属性添加适当的材质贴图，以增强模型的视觉效果和真实感。最后将建立好的工厂模型导入 Unreal Engine 5 中，并编写模型参数以模拟车间外部环境。

7.3.3.2　设备建模

生产设备建模包括搅拌机、装袋机、灭菌锅、液体发酵罐、接种机等9种生产工序所用到的设备，菇床、菌棒、塑料筐、培植土、生长灯等40多种物品及设备配件。生产设备建模与工厂场景建模不同，在几何模型层面需要考虑模型运动部件划分以及碰撞检测等，以实现虚拟模型与真实设备的同步运动。因此，建立设备的几何模型时，需要明确各部件之间的层次关系，设置父子节点嵌套的组织结构以实现"子随父动"的三维模拟运动。以接种机为例，按照结构划分为底座部分、工作台部分、夹紧部分以及控制部分。接种机设备结构划分如图7-4所示。

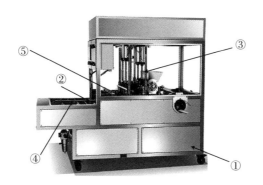

图7-4　接种机结构

①底座部分。底座是接种机的支撑结构，在运动过程中通常不会发生变化。

②工作台部分。工作台包括加工区域和物料输送区域，可将其划分为固定区域和可移动区域。

③运动部分。运动部分主要包括驱动和承载，根据其运动规则，将动作拆分为横向运动、纵向运动、旋转运动。

④夹紧部分。夹紧部分用于固定接种样本，通常包括夹紧装置和夹紧臂等。

⑤控制部分。控制部分包括运动控制和数据采集等，用于控制接种机的运动和实现接种数据采集。

完成对运动部件的划分后，对能够一同运动的部件进行分析和组合，将其整合成一个整体，同时将固定部分合并为一个独立结构。对相互联动的部件设定父子关系，实现有效联动。在建立行为模型和规则模型时，为其添加操作规则和约束条件，为后续生产过程仿真功能提供支撑。

7.3.3.3　黑皮鸡枞菌建模

在进行黑皮鸡枞菌的三维建模时，需要对其进行精细化的处理，以尽可能捕捉黑皮鸡枞菌的各种细节特征。这对于后续利用 Unreal Engine 5 模拟黑皮鸡枞菌生长有很大帮助，因为只有真实地呈现了黑皮鸡枞菌的生长和其他特性，才能够有效地模拟其在不同环境条件下的行为。

精细化建模包括黑皮鸡枞菌的形态结构、生长速率及其与环境的相互作用等方面。黑皮鸡枞菌形态结构建模分为四部分，分别是子实体、菌盖、菌柄和菌褶。在生长速率及其生长环境的模拟中，需要考虑到环境条件、营养物质、温度和湿度等对其的影响。这样的精细化处理能够更准确地模拟黑皮鸡枞菌在真实环境中的生长情况，帮助生产者更好地理解其生长规律，为农业生产提供参考和指导。

7.4 黑皮鸡枞菌工厂化生产数字孪生系统实现

本节详细介绍如何将这些数字孪生系统的设计转化为实际可操作的系统，包括系统的前端可视化展示模块和后台管理模块的实现过程。

7.4.1 系统开发环境

在黑皮鸡枞菌工厂化生产数字孪生系统中，选用 Spring Boot 作为后端框架提供服务端支持，Vue 作为前端框架实现用户界面交互，MySQL 作为数据库提供数据的存储。通过整合 3D Studio Max 进行建模，可以创建逼真的三维场景，而 Unreal Engine 5 作为开发平台，则赋予了系统实时渲染和交互的能力。此外，利用 Echarts 实现前端图形化表达，使得数据能够以直观的图表形式呈现，便于用户理解。系统开发环境如表 7 - 1 所示。

表 7 - 1　系统开发环境

序号	名称	配置
1	硬件环境	8 核 CPU、64G 内存、1T 硬盘
2	操作系统	Windows 11
3	编程语言	Java、JavaScript、HTML、CSS、Blueprint
4	数据库	MySQL
5	开发工具	Visual Studio Code、IDEA
6	模型处理	3D Studio Max、Unreal Engine 5

7.4.2　虚拟建模实现

在最初选择建模软件时，考虑到建模需要涉及几何、物理、行为和规则等多个维度，通过对系统设计分析，比较了多款三维建模软件，最终决定将 3D Studio Max 作为主要建模工具。3D Studio Max 是一款功能强大的三维建模、动画和渲染软件，能够提供丰富的工具和功能，创建各种复杂的三维场景、角色和动画效果。用户可以利用其直观的界面进行建模、纹理贴图、动画编辑、光照渲染等操作，实现高度逼真的视觉效果。同时，3D Studio Max 支持导出 datasmith 格式，能够将建模内容无缝地导入到 Unreal Engine 5 中进行进一步编辑、优化和渲染，这种协同工作流程可以极大地提高工作效率，更加方便地在两款软件之间进行作业和协作。

在确定建模软件之后，根据前期收集的三维数据，按照几何—物理—行为—规则进行建模，三维建模流程如图 7-5 所示。

图 7-5　三维建模流程

在几何模型层面，使用 3D Studio Max 创建车间和设备的基本形状，并根据各自特征进行变形、拉伸等操作，以获得所需形状。在物理层面，根据车间和设备的物理属性，使用 Material Editor 为几何模型添加相应的纹理和材质，设置反射、漫反射等参数，以增强视觉效果。同时，在几何模型的基础上，添加碰撞体以模拟物体之间的碰撞和互动。部分真实设备及对应建模和渲染效果如图 7-6 所示。

真实设备

液体发酵罐　　　　　搅拌机　　　　　　接种机　　　　　　灭菌锅

真实设备对应的建模

　　　　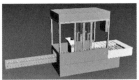　　

液体发酵罐建模　　　搅拌机外机建模　　　　　接种机建模　　　　　灭菌锅建模

建模渲染后的效果

液体发酵罐渲染效果　　搅拌机外机渲染效果　　　接种机渲染效果　　　灭菌锅渲染效果

图 7-6　真实设备及对应建模和渲染效果

在行为模型层面，使用 3D Studio Max 创建设备运动的动画，包括移动、旋转、变形等动作。在 Unreal Engine 5 中，使用 Blueprint 编写控制物体行为的脚本代码。在规则层面，使用 Blueprint 编写逻辑规则和约束条件的代码，以控制虚拟场景中的各种情况和交互。

7.4.3　系统功能实现

7.4.3.1　场景漫游模块

场景漫游功能通过键盘的 W、A、D、Q、E 键和鼠标配合操作，自由控制视角方向和位置移动，实现在厂区内的自由查看。这一模块功能主要利用 Unreal Engine 5 中的 Player Controller、Input Events 及蓝图脚本等技术实现。首先，利用 Player Controller 来捕获按键和鼠标移动等操作。其次，通过编写蓝图脚本，将键盘和鼠标输入映射到相应的行为，如按下"W"键控制前进、按下"A"键控制向左移动。此外，需要在场景中添加碰撞检测，以防止用户移动超出场景范围或与场景的物体发生碰撞。

这种方式高度真实地模拟和呈现整个厂区的建筑结构、设备布局和各个区域的细节，使用户全面了解工厂的规模、设施和环境，提升工作环境透明度和员工参与感，能够有效地传达工厂信息，提升观众对工厂的整体认知和理解。场景漫游功能如图 7 - 7 所示。

图 7 - 7　场景漫游功能

7.4.3.2　生产环境实时监测模块

生产环境实时监测模块通过 API 向后台管理系统发送 http 请求获取实时数据。在前端可视化界面中，通过 Echarts 图表对接种、装袋、灭菌、培养、出菇等实时数据进行动态展示和统计。用户可以通过该模块查看一段时间内的生产环境数据、趋势分析图表及关键指标的统计，从而优化生产流程、提高产量和质量。生产环境数据实时监测模块如图 7 - 8所示。

图 7 - 8　生产环境实时监测模块

7.4.3.3　生产过程仿真模块

生产过程仿真功能依赖于虚拟建模和实时监测功能，用于模拟黑皮鸡枞菌工厂化生产的拌料、装袋、灭菌、冷却、接种、养菌、剥棒及覆土出菇等工序。下面以装袋工序和出菇阶段为例，阐述核心装配设备的生产仿真过程。

（1）装袋工序和装袋机

首先，基于前期收集的三维数据和设备规格，确定装袋机的整体形状、尺寸以及相对位置。在 3D Studio Max 中按比例对设备零部件进行基本建模。根据装袋机的物理特性和运动规律，确定装袋机的运动部件和固定部件，运动部件包括输送系统（输送带、滚筒、输送链条）、装袋装置（装袋夹具、装袋机械臂、真空吸盘）、袋子供给装置等，装袋机的固定部件即结构支撑，用于支撑和固定装袋机的各个部件，确保其稳定性，包括机架、支撑柱、连接件等。装袋机部分零部件拆分如图 7-9 所示。在 3D Studio Max 中，使用组合工具将装袋机的固定部件组合成一个整体模型；对具有多轴联动的运动部件，创建骨骼系统，将部件与骨骼进行绑定；对只有简单运动的部件进行分组。利用 Material Editor 添加基础材质，为其指定颜色、质感等属性，并为每一类材质赋予 ID。真实装袋机与装袋机模型对照如图 7-10 所示，组合后的装袋机建模如图 7-11 所示。

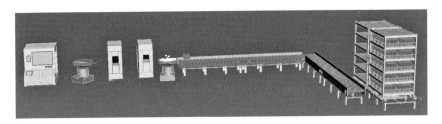

图 7-9　装袋机部分零部件拆分

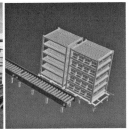

装袋装置和建模　　　　　　　　　装袋完成后自动上架和建模

图 7-10　装袋机组合建模

图 7-11　组合后的装袋机建模

其次，根据装袋机的工作流程、菌棒和袋子在装袋过程中的运动轨迹及输送带的运动速度等物理参数，利用 Unreal Engine 5 中 Spline 定义菌棒和袋子的运动轨迹，调整 Spline 的控制点位置和平滑度，以确保菌棒和袋子沿着正确的路径移动。利用 Movement Controller 来控制运动物体的移动速度。对于装袋机械臂这类多轴联动的部件，需要为其添加 Collision Component，确保其在运动过程中不会相互碰撞或穿透。在装袋完成后，将菌棒放入筐中，通过传送带传送到菌棒架子上，添加 Event Trigger，用于触发"装袋完成"事件。

最后，定义装袋机的操作规则和约束条件，包括控制系统的功能，如启动、停止、速度调节等以及装袋机信息传输到系统后台进行管理的规则。在虚拟空间中，需要构建 PLC 控制器模拟、触摸屏操作界面、传感器模拟等模块，用来接收获取的装袋机信息。以 PLC 控制器模拟为例，实现过程如表 7-2 所示。

表 7-2　PLC 控制器模拟实现过程

序号	模拟名称	实现过程
1	输入和输出信号	使用两个 Boolean 值分别表示启动信号和停止信号，当用户进行相应操作时，通过 Trigger 组件改变 Boolean 状态
2	逻辑控制程序	使用 if 条件判断和逻辑运算模拟逻辑控制功能，根据输入信号的状态来控制输出信号的变化；使用 Blueprint 的 Branch 和 AND、OR 来构建逻辑控制程序

（续）

序号	模拟名称	实现过程
3	传感器	使用 Collision Component 模拟传感器的功能，当袋子接近传感器时，触发"装袋"事件；使用 Blueprint 的 Trigger 来捕捉传感器触发事件

（2）出菇阶段

在出菇阶段，需要建模的物理实体包括培养房、菇床、基质、黑皮鸡枞菌及温湿度等环境控制系统。

①培养房。首先，根据前期收集到的培养房三维数据，确定培养房外观的基本几何形状以及长度、宽度、高度等参数。以厂区大门为参考，确定培养房在厂区的位置，培养房的布局呈现东西走向，车间大门朝向东侧，内部共 34 间独立培养房，这 34 间培养房位于车间大门两侧，分布在过道两旁，每侧 17 间培养房。确定了培养房的基本结构后，使用 3D Studio Max 中的"基本几何体创建工具"创建车间基本形状。通过输入具体数值来约束几何形状的尺寸和位置，利用 ProBoolean 对几何形状进行运算，剔除多余形状，确保培养房的几何模型符合设计需求。

其次，根据培养房外墙体、屋顶、大门、内墙体等材料的物理特性，在 3D Studio Max 中利用 Material Editor 添加基础材质，并为每一类材质赋予 ID，方便在 Unreal Engine 5 中进一步渲染。培养房的真实场景、建模后的效果以及渲染后的效果如图 7-12 所示。

再次，考虑到培养房整体建模本身是静止的，没有需要动态模拟的部分，因此在构建车间内部单间培养房时，只需要考虑周围地形和植被等环境因素，而不需要为培养房内部添加单独的骨骼或动态模型。

最后，在所有模型构建完成之后，导入到 Unreal Engine 5 中，利用 Nanite 等技术将部分环境转换成模型参数，用来模拟车间外部环境。

②环境控制系统。在 Unreal Engine 5 中，建立温湿度传感器、二氧化碳等传感器模型。首先，创建一个空白 Runtime 插件，在空白插件中创建一个新的 C++ 类来编写传感器逻辑并将创建完成后的插件复制到"插件目录"中，模拟传感器的部分代码如图 7-13 所示。

培养房真实场景

| 大门 | 北面 | 内部走廊 | 室内菇床 |

真实场景对应的建模

| 正面 | 北面 | 内部走廊 | 室内菇床 |

建模渲染后的效果

| 正面 | 菇房门口 | 内部走廊 | 室内菇床 |

图 7 - 12　培养房建模

```cpp
#include <iostream>
#include <cstdlib>
#include <ctime>

class SensorSimulator {
......

for (int i = 0; i < 10; ++i) {
    sensor.GenerateSensorData();
    std::cout << "Sensor Data " << i+1 << ":" << std::endl;
    std::cout << "Temperature: " << sensor.GetTemperature() << " C" << std::endl;
    std::cout << "Humidity: " << sensor.GetHumidity() << " %" << std::endl;
    std::cout << "CO2 Level: " << sensor.GetCO2Level() << " ppm" << std::endl;
    std::cout << std::endl;
}
......
```

图 7 - 13　模拟传感器部分代码

　　③黑皮鸡枞菌。首先，在 3D Studio Max 中，使用 Polygon Modeling 创建黑皮鸡枞菌的基本模型，包括菌盖、菌柄的基本形状。利用 Spline Modeling 绘制菌褶，并通过修改器工具将其转换为具有体积的模型。利用 Subdivision Surface Modeling 为菌盖和菌褶创建光滑曲面。通过 Scultping Tools 添加黑皮鸡枞菌的细节部分，如纹理和颗粒，以更真实地模拟其表面特征。完成建模后，制作相应的形态变化动画以展现其不同阶段的生长状态。

其次，将黑皮鸡枞菌的三维模型导入到 Unreal Engine 5 中，并结合粒子系统和动态材质技术进行渲染和特效功能添加。例如，实现孢子飘落、生长过程中的粒子效果以及生长时模型外观变化等。利用 Blueprint 中的 Spawn、Initial Velocity、Initial Size、Initial Color 等模块，设置粒子的位置、速度、大小和颜色，从而生成不同虚拟环境，模拟黑皮鸡枞菌的不同生长状态。同时，通过动态材质技术可以添加参数以模拟环境因子和营养物质对黑皮鸡枞菌的影响，通过调节时间和其他参数控制节点，实现黑皮鸡枞菌表面呈现出类似真实生长过程的效果。

④菇床和基质等。使用 3D Studio Max 的 Polygon Modeling 进行菇床和基质的建模，通过创建几何体对其进行变形、细节等完善细节。同时用 Procedural Texturing 工具创建基质材质。

在完成黑皮鸡枞菌工厂化生产全流程生产工序和设备的建模之后，需要将所有的生产工序场景组装起来，以便在仿真环境中模拟完整的生产流程。首先，在 Unreal Engine 5 的虚拟场景中，将所有建模元素按照生产流程摆放。然后，将 PLC 控制器模拟和其他控制器整合到仿真环境中，用 Blueprint 编写脚本来控制仿真环境中各个元素的行为和规则。通过生产过程仿真模块，模拟整个生产过程，从而实时监测生产过程中的各种参数和变量，提高对黑皮鸡枞菌工厂化生产的实时监测能力。

7.4.3.4 设备警报模块

设备警报模块用于监控设备状态。在 Unreal Engine 5 中创建一个蓝图类，表示设备警报模块，在设备警报蓝图中设置阈值、监测传感器数据等，用 Create Notification 节点设置警报通知。在页面中，添加逻辑来显示警报信息，当设备达到所设定的阈值时生成警报通知。用户可以通过该模块接收警报通知，从而及时采取相应的措施，保障设备的正常运行和安全性。设备警报模块如图 7-14 所示。

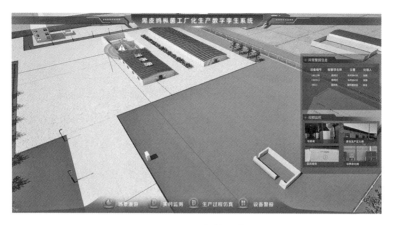

图 7 - 14　设备警报模块

7.4.3.5　产量预测模块

在可视化界面中，产量预测模块实现了对某一间培养房的黑皮鸡枞菌进行产量预测的功能。点击蓝色悬浮图标可调用 JavaScript 函数，以显示对应培养房的实时环境数据。在界面上，用户可以单击产量预测按钮，触发 Flask - RESTful 框架构建的 Python Web 服务，通过 POST 请求发送培养房编号。后端根据编号获取该培养房的历史环境数据平均值和基质配比信息，并利用预加载的黑皮鸡枞菌产量预测模型进行产量预测。预测结果会返回给前端，显示在弹出的框中，包括当前参数下黑皮鸡枞菌产量的预测结果和图像拟合。黑皮鸡枞菌产量预测模块如图 7 - 15 所示。

图 7 - 15　黑皮鸡枞菌产量预测模块

7.5 应用成效

通过建立黑皮鸡枞菌工厂化生产数字孪生系统,可视化展示工厂化生产过程,实时感知生产现场,辅助精准施策。黑皮鸡枞菌工厂化生产孪生系统打通各类硬件设备数据、软件系统数据等多方数据源,汇集原料、采购、生产、仓储等方面关键指标,使管理者能实时掌控全厂生产情况,监控各类生产业务流程,通过数据分析监控黑皮鸡枞菌各个生产工序,有效保证了生产主体顺利完成生产周期,同时对黑皮鸡枞菌生产过程关键要素及时获取、实时监测、全程可控,确保生产全过程规范化、精准化。主要应用成效有:

(1) 提高了生产环节实时监控水平

数字孪生技术可以实现黑皮鸡枞菌生产环节的模拟和优化。通过构建数字孪生模型,可以对拌料、发酵、装袋、接种、培养等过程中的环境因素和生长特征进行精准模拟,利用智能交互在数字世界当中搭建起与真实世界同样的画面内容,可以直接通过屏幕看到工厂的各项状态,如设备监测、菌体监测、设备控制等,都可以在数字孪生系统当中进行操控。

(2) 优化了生产方案

关键的黑皮鸡枞菌生长数据,都会以数据模型的形式被存储和处理,同时数字孪生模型可以对黑皮鸡枞菌种植环境进行优化,根据实时画面进行合理喷水、采摘等操作,最大程度减少生产资源浪费,优化生产环节,帮助科学地制定生产方案和管理策略。

(3) 提高了生产智能化水平

各生产环节的机器人已经成为黑皮鸡枞菌种植中越来越重要的一部分。数字孪生技术可以帮助机器人更好地识别和处理菌体。例如,通过创建数以万计的图像和红外光谱的数字孪生模型,机器人可以更好地识别病虫害和菌体成熟度,并在科学指导下进行自动化收获。

(4) 增强了食用菌食品安全和可追溯性

数字孪生技术可以促进黑皮鸡枞菌产品的溯源管理和质量追溯。在黑皮鸡枞菌生产工厂中，通过给每个生产环节配备传感器，可以实时监测菌体的生长状态和环境条件。这些数据可以与数字孪生模型进行对比分析，用于黑皮鸡枞菌产品的溯源管理。消费者可以通过扫描产品上的二维码，查看黑皮鸡枞菌从原材料采购到采摘、加工到销售的全过程，确保产品的质量和安全。

（5）提高了管理决策的科学性

数字孪生系统建立了黑皮鸡枞菌生产的全过程动态感知和智能预警机制，利用数据管理和可视化展示技术建设孪生数据驾驶舱，管理人员和工作人员可根据工厂的全业务全流程信息实时掌握黑皮鸡枞菌的生产动态及风险，对潜在的风险因素进行有效调节。

参 考 文 献

方文红，丁作坤，丁晶晶，等，2022. 安徽省农业农村大数据中心建设实践与思考 [J].
　　安徽农学通报，28（4）：3.

周广竹，2015. 城乡一体化背景下"智慧农村"建设 [J]. 人民论坛：中旬刊（11）：3.

王佳节，王磊，2020. 大数据驱动乡村文化振兴的耦合性分析及其平台构建 [J]. 农业农
　　村部管理干部学院学报（2）：7.

尚芬芬，毛学伟，谈晶晶，等，2022. 江苏省农业农村大数据建设的实践与探索 [J]. 农
　　业工程技术，42（6）：18-21.

汪艳霞，2022. 农业农村时空"一张图"建设及分析应用研究 [J]. 中国农业信息（4）：
　　65-71.

陈旭，张向飞，王海山，2018. 上海农业农村大数据实践与思考 [J]. 农业网络信息
　　（6）：13-17.

李茂春，何煜，刘莎，等，2022. 数字农业农村大数据平台建设架构与功能研究 [J]. 中
　　国标准化（24）：108-111.

杨伟荣，2021. 中国乡村发展伦理研究 [D]. 南京：南京师范大学.

代红，张群，尹卓，2019. 大数据治理标准体系研究 [J]. 大数据，5（3）：47-54.

张群，吴东亚，赵菁华，2017. 大数据标准体系 [J]. 大数据，3（4）：11-19.

姚艳敏，白玉琪，2019. 农业大数据标准体系框架研究 [J]. 农业大数据学报，1
　　（4）：10.

黄如花，2020. 我国政府数据开放共享标准体系构建 [J]. 图书与情报（3）：4.

杨立昊，朱荣，李建春，等，2023. 云南省乡村振兴战略中生态振兴标准体系建设研究
　　[J]. 中国标准化（4）：78-83.

陈娉婷，沈祥成，罗治情，等，2022. 基于农业农村大数据应用的乡村基础信息分类规范
　　[J]. 中南农业科技，43（6）：153-155.

郑大庆，范颖捷，潘蓉，等，2017. 大数据治理的概念与要素探析 [J]. 科技管理研究
　　（15）：6.

图书在版编目（CIP）数据

乡村振兴大数据管理与服务关键技术 / 张峰，吴秋兰著. -- 北京：中国农业出版社，2024.12. -- ISBN 978-7-109-32931-7

Ⅰ. F320.3-39

中国国家版本馆 CIP 数据核字第 2024RJ8092 号

中国农业出版社出版

地址．北京市朝阳区麦子店街 18 号楼

邮编：100125

责任编辑：何　玮

版式设计：小荷博睿　　责任校对：吴丽婷

印刷：北京印刷集团有限责任公司

版次：2024 年 12 月第 1 版

印次：2024 年 12 月北京第 1 次印刷

发行：新华书店北京发行所

开本：700mm×1000mm　1/16

印张：12.25

字数：182 千字

定价：68.00 元
